SAINT-CALAIS

UN BUREAU DE BIENFAISANCE
En 1892

LA LETTRE LECONTE ET LA PRESSE
LE POUR ET LE CONTRE

EGALITÉ

LIBERTÉ

FRATERNITÉ

17 8bre 1892

Monsieur

Je suis chargé de vous dire
que par une décision du
bureau de bienfaisance les
personnes qui voudronts continuer
d'en avoir les secours et qui
onts des enfants aux écoles
devraients les envoyer aux
"écoles communal s'ils ni
sonts déjà"

Je vous salue

Leconte

LE MANS
IMERIE CH. BLANCHET, 6, RUE GAMBETTA
1892

UN BUREAU DE BIENFAISANCE

En 1892

SAINT-CALAIS

UN BUREAU DE BIENFAISANCE

En 1892

LA LETTRE LECONTE ET LA PRESSE

LE POUR ET LE CONTRE

EGALITÉ

LIBERTÉ

FRATERNITÉ

17 8bre 1892

Monsieur

Je suis chargé de vous dire que par une décision du bureau de bienfaisance les personnes qui voudronts continuer d'en avoir les secours et qui onts des enfants aux écoles devronts les envoyer aux écoles communal s'ils ni sonts déjà

Je vous salue

Leconte

LE MANS
IMPRIMERIE CH. BLANCHET, 6, RUE GAMBETTA
1892

SAINT-CALAIS

UN BUREAU DE BIENFAISANCE

En 1792

LA LETTRE LECONTE ET LA PRESSE

LE POUR ET LE CONTRE

LA SARTHE

Du 7 Décembre 1891

Suppression des Association de Charité

Depuis 1829, Saint-Calais jouissait, au point de vue charitable, d'une organisation vraiment exceptionnelle.

Je n'ai pas la prétention de dire qu'on arrivait à la perfection : tous ceux qui ont essayé de faire du bien à leurs semblables savent que c'est une tâche souvent ingrate, toujours difficile à bien remplir ; mais il est indéniable qu'à Saint-Calais la charité était mieux faite que dans beaucoup d'autres petites villes.

Cette organisation consiste dans l'adjonction au bureau de bienfaisance d'un *comité d'hommes* présidé par le maire, et chargé de la répartition des secours en pain.

Ce comité se réunit au moins deux fois par an

pour déterminer la quantité de pain qui sera allouée aux familles pauvres. Chaque commissaire a un certain nombre d'indigents de son quartier qui sont spécialement confiés à ses soins; il suit les divers événements qui surviennent dans les familles de ses pauvres, et fait au moment des réunions un rapport sur la situation de chacun d'eux.

Un commissaire est désigné chaque semaine pour assister aux distributions de pain et recueillir les réclamations qui pourraient se produire.

Ce comité, recruté parmi les personnes qui donnent le plus, dispose, en raison même de la façon dont il est constitué, de ressources considérables. Il recueille chaque année dans la ville, en dehors de la subvention qui lui est allouée par le bureau de bienfaisance, des souscriptions qui atteignent deux mille cinq cents francs.

A côté de ce comité d'hommes, s'est constitué, dès 1829 également, *un comité de dames* chargé de la répartition des secours en nature, vêtements, linge, bois, viande, médicaments, etc., et du soin de visiter les malades à domicile.

Les dames qui composent ce comité appartiennent aux plus anciennes familles de Saint-Calais; elles y ont une résidence fixe et peuvent ainsi s'intéresser aux pauvres avec une continuité qui facilite singulièrement leur tâche.

Ce comité se réunit régulièrement tous les mois, et passe en revue toutes les misères à secourir. Il partage la ville en un certain nombre de quartiers et assure, dans chaque quartier, le service des secours par la désignation de dames déléguées. Il reçoit, comme le comité des hommes, une subvention du bureau de bienfaisance et accroît ses recettes par des quêtes à l'église.

Tel est le système qui fonctionne à Saint-Calais, depuis 1829, avec une régularité, une persévérance et un dévouement qui ne se sont jamais ralentis.

Sans souci de ces soixante années de services rendus à la population de Saint-Calais, sans provocation, sans motifs, on vient de détruire tout cela.

Le comité des hommes et le comité des dames cesseront d'exister à partir du 1er janvier prochain. On ne veut plus de leurs services.

Jusqu'ici, la bienfaisance était restée un terrain neutre sur lequel se rencontraient toutes les bonnes volontés, à Saint-Calais plus qu'ailleurs.

En maintes circonstances, nous en avons eu la preuve et il est inutile de rappeler les efforts considérables qu'a toujours su faire la population de Saint-Calais tout entière quand il s'est agi de soulager les infortunes causées par des événements imprévus, un hiver exceptionnellement rigoureux ou quelque autre calamité publique. Qu'on nous dise si jamais, en pareil cas, les questions de parti ont été soulevées, et si, à Saint-Calais, ceux qui donnent ont demandé compte de leurs opinions à ceux qui leur tendaient la main.

Du moment qu'il s'agissait de faire le bien tous les cœurs battaient à l'unisson.

Eh! bien, à partir d'aujourd'hui il n'en sera plus ainsi et la charité comme le reste doit devenir le monopole d'un parti.

L'association des hommes par ses souscriptions volontaires apportait aux pauvres de Saint-Calais deux mille cinq cents francs. Si l'on tient compte des quêtes faites par les dames, c'est plus de trois mille francs par an que vous allez faire perdre au budget de la bienfaisance.

Oh ! je sais bien ce que vous allez me répondre : « Les pauvres ne les perdront pas. Nous les retrou« verons ailleurs ! » — Oui, dans la poche des contribuables ou dans les ressources du bureau de bienfaisance (qui est riche), c'est vrai, mais pourquoi le bureau de bienfaisance est-il riche? parce que l'existence des deux associations que vous allez détruire a permis d'économiser chaque année les ressources officielles, de constituer des réserves et de grossir votre avoir.

La reconnaissance vous ferait peut-être un devoir de respecter des associations qui vous ont enrichis ; la prévoyance la plus élémentaire devrait vous engager à les maintenir. Car vous allez être obligés maintenant de vous passer des trois mille francs qu'elles vous apportaient, et vous ne pourrez le faire qu'en dépensant vos revenus, je veux dire les revenus du bureau de bienfaisance, ces revenus des pauvres dont vous auriez pu continuer à réserver une partie pour des années calamiteuses, ou pour la création ultérieure d'autres œuvres de philanthropie.

A Saint-Calais, on est généreux ; celui qui possède (peu ou beaucoup) sait faire dans ses revenus une large part au profit des déshérités de la fortune. Quel besoin avez-vous de tarir la source respectable à laquelle vous avez puisé jusqu'ici ?

Ce besoin, je vais être obligé de vous le dire, c'est encore le besoin de *faire de la politique.*

Vous n'avez qu'un seul prétexte : vous dites que les deux associations dont il s'agit *doivent* avoir des tendances cléricales, qu'elles *doivent* favoriser les pauvres qui envoient leurs enfants chez les sœurs, et, sans daigner même vérifier si cette accusation est fondée, vous allez jusqu'à *laisser dire* que l'argent de ces associations sert à faire vivre les écoles congréganistes.

Consultez donc au moins la liste des pauvres qui sont secourus ; demandez à M. le maire, président de l'une de ces associations, comment sont répartis les secours, faites une enquête, citez des faits... mais ne condamnez, pas sans les entendre, des personnes de bonne volonté qui ont fait beaucoup de bien, vous le savez, et qui peuvent en faire encore, parce qu'elles ont une expérience acquise que vous n'avez pas.

Voilà le prétexte, et, quant au but, il est bien simple. Vous voulez porter un dernier coup à l'école des sœurs... car la neutralité ne vous suffit plus. Vous avez créé, vous aussi, une nouvelle église — une église laïque, hors de laquelle il n'y a pas de salut. Cet esprit de tolérance, dont vous avez été les défenseurs dans l'opposition, vous n'en voulez plus depuis que vous êtes les maîtres.

Dans une ville où des efforts individuels ont assuré la liberté *absolue* des pères de famille, vous trouvez mauvais que l'école des sœurs ait encore des élèves. Vous vous êtes plaint du monopole qu'elle avait autrefois, vous voulez le rétablir à votre profit, et quand vous agissez ainsi, subissez-vous un courant de l'opinion publique ; est-ce la population de Saint-Calais qui vous pousse à cet excès de zèle? Non, vous le savez bien.

Ici, on ne cherche pas à éterniser les luttes, on veut la liberté pour tout le monde et rien de plus. On ne demande pas mieux que de laisser vivre l'école des sœurs pourvu que chacun reste maître d'envoyer ses enfants où bon lui semble. S'il y a eu des actes de pression, quelconques, dénoncez-les.

Sinon, avouez que tout cela n'est autre chose qu'un procès de tendance, une œuvre de parti-pris dans laquelle vous ne voulez consulter que votre passion, sans nul souci des intérêts qu'il s'agit de sauvegarder.

Car votre but, vous n'êtes même pas sûr de l'atteindre.

A cette organisation unique qui relevait du bureau de bienfaisance et de la mairie, à cette institution charitable qui, par son origine même, était tenue d'apporter dans son fonctionnement une impartialité rigoureuse (et je prétends qu'elle le faisait), vous alliez peut-être substituer deux institutions rivales, qui se disputeront désormais les pauvres pour faire vivre leurs écoles respectives.

Si c'est là ce que vous voulez, ce n'est plus faire œuvre de charité, mais œuvre de démoralisation. Les pauvres recevront des deux mains, avec partialité, sans contrôle et sans esprit de suite. L'argent des uns et des autres servira à encourager la paresse et l'hypocrisie.

Et maintenant, je m'adresse à ceux, quels qu'ils soient, qui ont été les instigateurs de cette mesure, et je leur dis :

Voilà comment vous entendez l'apaisement ; voilà comment vous ouvrez vos rangs à toutes les bonnes volontés ; allons donc ! quand ces bonnes volontés existent, quand elles ont fait leurs preuves, comme dans le cas présent, vous les repoussez. Là où la division n'existait pas encore, où personne ne songeait à l'introduire, vous nous l'apportez.

La politique était exclue jusqu'ici des choses de la bienfaisance, il faut qu'elle y entre ; soit, mais vous garderez devant l'opinion publique la responsabilité de cette mauvaise action, qui est en même temps un acte d'ingratitude.

Un habitant de Saint-Calais.

L'AVENIR DE LA SARTHE

Du 28 Décembre 1891

Le Bureau de Bienfaisance de Saint-Calais

Les questions multiples qui se rattachent à l'assistance publique, dans les villes et les campagnes, offrent un vaste champ d'études et sont, depuis longtemps, l'objet des précautions, non seulement des pouvoirs publics comme l'indiquent les projets de lois déposés récemment par M. Constans sur le bureau de la Chambre, mais aussi de tous les esprits soucieux de venir en aide à des souffrances dignes du plus grand intérêt...

Ces préoccupations, d'ailleurs, ne sont pas nouvelles, et, sans vouloir entreprendre l'histoire générale de la charité publique, il suffira de rappeler que la loi du 7 frimaire an V organisa les bureaux de bienfaisance pour venir en aide aux malheureux et faire cesser, en même temps, le vagabondage et la mendicité.

A partir de ce moment, chaque commune, ayant pu recueillir une rente annuelle de 50 francs, fut dotée d'un bureau de bienfaisance, auquel plus tard est venue s'adjoindre la médecine cantonale gratuite, qui permet aujourd'hui de soulager tant de misères et d'infortunes.

Eh bien ! n'est-il pas véritablement étonnant de voir un chef-lieu d'arrondissement distancé par les plus petites localités et chercher encore son organisation, pour une œuvre éminemment utile ?

Cette réflexion est venue souvent à l'esprit de bien des gens à Saint-Calais ; elle a fini par entraîner le parti républicain tout entier, qui a voulu suivre le courant, en prenant les mesures nécessaires pour rendre au bureau de bienfaisance toutes ses prérogatives.

Et si maintenant l'on veut savoir la raison qui a permis aux associations de vivre aussi longtemps, il faut la chercher dans les services qu'elles ont su rendre, jusqu'au jour où des abus de nature à exercer une violence morale sur l'esprit de l'indigent ont condamné une tolérance qui, dès lors, serait devenue nuisible aux intérêts des pauvres.

Cette manière de voir n'est pas celle de tout le monde, paraît-il, car les partisans des associations ont fait entendre, dans la presse, à ce sujet, des lamentations tirées de Jérémie.

Eh! bien, ils ne pouvaient mieux faire que d'en appeler à l'opinion publique, qui appréciera avec son bon sens ordinaire les récriminations de tous ces défenseurs du trône et de l'autel.

Voyons donc les griefs que l'on peut opposer au fonctionnement du bureau de bienfaisance.

On vient prétendre, tout d'abord, que les hommes et dames composant le bureau de charité connaissent très bien les indigents. Est-ce à dire que des hommes tels que MM. Helle, Prégent, Rocher, Pinguet, Leconte, tous membres de la Commission du Bureau de bienfaisance, ne les connaissent pas, et mieux que personne encore, eux qui se sont toujours occupés des ouvriers, et peut-on trouver des noms plus recommandables ?

On menace ensuite le bureau de bienfaisance de faire disparaître toutes les libéralités : plus de dons, plus de legs ; l'union si chère aux habitants de Saint-Calais sera rompue ; alors, cette paix armée, plus dure que la bataille, ne leur suffira pas, et si la guerre est déchaînée, il ne faudra s'en prendre qu'à ces fauteurs de désordres ; à ces agitateurs, dont l'œuvre n'est pas œuvre de charité, mais œuvre de démoralisation.

Allez, messieurs, ne vous gênez pas, et tâchez d'insinuer encore qu'en voulant restituer au Bureau de bienfaisance l'existence légale qui lui appartient, nous avons mis le feu aux quatre coins de la ville.

Tudieu ! quel tapage pour ces pauvres écus qui tombaient jadis si gracieusement dans vos caisses et que vous voyez d'un si mauvais œil rester dans les nôtres; il est bien à nous cependant cet argent dont vous nous contestez l'emploi aujourd'hui, et votre irascibilité ne s'explique guère.

Comment! pendant cinquante ans vous avez bénéficié d'une tolérance excessive, vous avez détenu à tort une chose qui ne vous appartenait pas; vous en avez usé et abusé au point que vous alliez finir par la détériorer complètement si elle était restée plus longtemps entre vos mains, et vous trouvez extraordinaire, aujourd'hui, qu'on vienne vous demander une restitution toute naturelle.

Comme voilà bien la reconnaissance ordinaire et l'esprit de justice des associations non autorisées!... jamais elles ne voudraient tomber sous l'application de la loi! — Peut-être aussi s'imaginent-elles que le monopole de la charité leur appartient et que seules elles sont dignes de servir cette cause sacrée de la bienfaisance, pour employer l'expression même du journal le *Commerce*. A moins que cette prétention ne soit basée sur le désir, incontestablement louable, d'imiter les anciennes châtelaines que l'on voyait parées d'une aumônière et trouvaient toujours utile, pour les besoins de leur cause, de se couvrir de ce palladium précieux qui s'appelle la Charité... En somme, peu importe le mobile qui pousse tous ces fidèles du bon vieux temps à vouloir, sans conteste, rester les intermédiaires entre la charité publique et les pauvres, et, quelle que soit la droiture de leurs intentions il faut bien qu'ils sachent que la bienfaisance n'est plus, depuis la Révolution française, l'apanage d'une classe privilégiée, et si la République a inscrit dans sa devise la Fraternité, c'est le moins qu'elle la mette en pratique et qu'elle ne laisse point à d'autres le soin de faire le bien quand elle le peut.

A Saint-Calais, notamment, le Bureau de bienfaisance possède des ressources suffisantes pour assurer la distribution régulière des secours ; pourquoi donc ne ferait-il point son devoir comme les autres? Et, d'autre part, qu'on ne vienne pas dire que, dorénavant, les personnes charitables, parce qu'elles n'auront plus à distribuer que leur propre argent se refuseront de donner comme par le passé : c'est bien mal les apprécier et nous sommes convaincus, au contre, que cette situation nouvelle excitera leur émulation pour le plus grand bénéfice des malheureux.

Quant aux dons et legs qui ne devraient plus aller au bureau de charité, c'est là un aveu qu'il est bon d'enregistrer, car ce bureau n'a jamais été déclaré d'utilité publique et inhabile à posséder, et s'il a reçu jusqu'ici des libéralités, c'est au préjudice du Bureau de bienfaisance qui peut les revendiquer.

Voilà des raisons qui pourraient bien, à notre avis, faire accorder des circonstances atténuantes *à ces instigateurs, quels qu'ils soient, d'une mauvaise action.* — Le mot est un peu dur.

Il est probable surtout que les pauvres s'en souviendront pour dédommager par leur reconnaissance ceux qui n'auront eu qu'un but, celui de leur rendre l'aumône légère ; ils verront bien plus tard, du reste, que cette *mauvaise action* ne saurait leur être aussi préjudiciable qu'on a voulu le dire. D'ailleurs, si nous sommes bien informés, la chose est en bonne voie, car à la séance du 30 novembre la Commission a fait d'excellente besogne.

En effet, après les déclarations intéressantes de M. le Sous-Préfet, qui avait bien voulu se rendre à cette réunion, le receveur du Bureau de bienfaisance a donné lecture des ressources actuelles de ce bureau auxquelles viendront s'ajouter le dixième sur les recettes des théâtres et concerts, le produit des loteries ou tombolas, les quêtes publiques et le tronc de l'église. Ensuite cette Commission a demandé l'application de la médecine cantonale, désigné les commissaires de quartier, établi la liste des indigents et rédigé son règlement.

Aussi, peut-on dire aujourd'hui que le Bureau de Bienfaisance n'est plus seulement un *Bureau officiel* et qu'il va commencer à remplir sa mission. Il y a lieu d'espérer, que malgré quelques mécontents, *il pourra utilement accomplir sa tâche avec l'impartialité qui lui est assignée par la loi* et rendre aux indigents tous les services inhérents à cette excellente institution. D'ailleurs, nous reviendrons volontiers sur ce sujet, s'il le faut.

LA SARTHE

Du 23 Octobre 1892

Le Bureau de Bienfaisance de Saint-Calais

La lettre Leconte

Les coteries républicaines poussent de grands cris quand on les accuse d'abuser de leur prépondérance dans les bureaux de charité pour opprimer les familles.

Elles prennent des airs indignés pour nier cette oppression. L'occasion vient de nous être donnée de la prendre en flagrant délit.

La lettre ci-dessous a été écrite par M. Leconte, conseiller municipal, administrateur du bureau de bienfaisance de Saint-Calais, à un père de famille indigent.

Pour qu'on ne puisse ergoter sur l'authenticité de ce document, nous en publions la reproduction photographique. Nous nous bornons à supprimer le nom du destinataire de la lettre :

17 8bre 1892

Monsieur

Je suis chargé de vous dire que par une décision du bureau de bienfaisance les personnes qui voudronts continuer d'en avoir les secours et qui onts des enfants aux écoles devronts les envoyer aux écoles communal s'ils ni sonts déjà

Je vous salue

Lecomte

Priver de pain un père indigent, s'il n'envoie pas ses enfants à l'école officielle, c'est assurément la tyrannie sous sa forme la plus odieuse, la plus ignoble !

Notez qu'il ne s'agit pas d'une démarche individuelle, d'une mesure spéciale. C'est en vertu d'*une décision du bureau* que l'administrateur signataire de cette lettre pose ses conditions : l'école qui nous plaît, ou la faim !

Voilà comment certains prétendus démocrates traitent les pauvres ! Voilà comment ils entendent le respect des droits de la famille, et la liberté.

On a récemment transformé le bureau de bienfaisance de Saint-Calais en supprimant le comité qui lui était adjoint pour la répartition des secours et qui fonctionnait depuis de longues années à la satisfaction générale ; voilà les premiers fruits de cette réforme.

L'*Avenir de la Sarthe*, dans un grand article qu'il consacra, l'an dernier, à cette transformation, s'écriait :

« Il y a lieu d'espérer que, malgré quelques « mécontents, le bureau de bienfaisance pourra « accomplir sa tâche *avec l'impartialité qui lui est* « *assignée par la loi*... D'ailleurs nous reviendrons « volontiers sur ce sujet, s'il le faut. »

Eh bien ! l'*Avenir* jugera sans doute le moment propice pour revenir sur ce sujet, et pour nous dire si le bureau de bienfaisance de Saint-Calais accomplit sa tâche avec l'impartialité qui lui est assignée non seulement par la loi, mais encore par la notion la plus élémentaire de ses devoirs et de sa dignité.

Nous attendons aussi avec quelque curiosité les explications de M. Courcimault qui est, en sa qualité de maire, président du bureau de bienfaisance. M. Courcimault a bénéficié jusqu'ici d'une sorte de légende qui lui a permis de se donner comme un vrai libéral; il paraît être simplement libéral comme tous ses camarades de coterie qui ne veulent la liberté que pour eux.

C. Fournier-Carville.

L'AVENIR DE LA SARTHE

Du 29 Octobre 1892

Une réponse à la « Sarthe »

La *Sarthe*, qui depuis longtemps se bat inutilement les flancs pour narrer quelque bonne histoire à ses lecteurs, croit avoir trouvé la pie au nid, avec une lettre de M. Leconte, conseiller municipal de Saint-Calais, digne et honnête citoyen, qui ne ferait pas de mal à une mouche.

Mais voilà : ce brave homme s'est permis de faire savoir, par correspondance, à certain commensal du Bureau de Bienfaisance que ce Bureau ne pourrait, à l'avenir, distribuer des secours qu'aux indigents dont les enfants fréquenteraient les écoles laïques. *Inde iræ!*

Et les appareils photographiques de la *Sarthe* de fonctionner ! Et les gros mots de pleuvoir sur les républicains!

Jusqu'à cet excellent M. Courcimault, dont la légende de bonhomie doit disparaître, emportée dans le voile rouge du jacobinisme !

Etant donné le peu de courtoisie de l'attaque, nous aurions pu laisser tout simplement aux gens de Saint-Calais le soin de disculper M. Leconte qui n'a eu qu'un tort : celui de n'avoir pas employé, dans l'espèce, les moyens jésuitiques dont sont coutumiers les réactionnaires.

Mais, puisque nous avions pris l'engagement de *revenir volontiers sur la question du Bureau de bienfaisance s'il le fallait,* nous ne nous ferons pas tirer l'oreille, d'autant mieux que personne ne pourra plus, maintenant, venir nous reprocher, comme le faisait précédemment M. Dugué, de « troubler par des questions irritantes cette paix profonde après laquelle soupire la bonne ville de Saint-Calais ».

Eh bien ! voici l'explication demandée par la *Sarthe:*

Depuis la suppression du Bureau de charité, le Bureau de bienfaisance a fonctionné, nous pouvons l'affirmer, *avec l'impartialité qui lui est assignée par la loi.* Tous les pauvres sont restés égaux devant la commission et cet état de choses aurait duré probablement longtemps encore si, par une abstention inqualifiable les anciens membres du Bureau de charité (à l'exception peut-être de deux ou trois que nous sommes heureux de féliciter en passant), n'avaient refusé catégoriquement d'apporter leur obole lors de la quête pour le Bureau de bienfaisance.

Et pourquoi cette abstention, alors que précédemment tous les gros bourgeois donnaient généreusement aux quêteuses de la Société de charité ?...

Vous nous direz, peut-être, que c'était galanterie pure de leur part !... Sans doute ces messieurs sont galants... et nous comprenons que le garde champêtre, en portant l'aumônière au nom du Bureau de bienfaisance, n'avait pas le droit de compter sur un succès comme les leurs.

Mais encore, pouvait-on lui donner quelque chose ! Tandis qu'il n'a rien reçu, absolument rien !... Et cela, parce qu'une coterie de l'endroit n'avait plus le monopole de la charité !

Priver de pain toute une famille indigente, sans autre raison, c'est assurément pousser trop loin la passion politique.

Notez qu'il y a quinze ans que le Bureau de charité réserve toutes ses ressources aux amis fidèles, à ceux qui fréquentent les écoles congréganistes, livrant une guerre acharnée aux parents qui envoient leurs enfants aux écoles laïques : nous citerons des noms s'il le faut...

Sans compter que cette Association a profité, sans vergogne, des fonds que le Bureau de bienfaisance lui confiait pour tenir à sa merci tous les pauvres de Saint-Calais. Aujourd'hui encore, elle voudrait essayer d'égarer l'opinion en faisant distribuer, par la ville, des bons de loyer avec une note ainsi conçue : « Ces secours seront accordés sans distinction et quelle que soit l'école fréquentée par les enfants. »

Ah le bon billet que voilà ! et quelle tartufferie ! Comme on reconnaît nos gens vertueux et comme ils montrent bien le bout de l'oreille !

Est-ce que tout le monde ne sait pas, à Saint-Calais, avec quelle âpreté la coterie cléricale défend l'enseignement congréganiste ? Certes, on n'écrit pas, dans ce monde-là, des lettres comme celle de M. Leconte; mais l'on s'en va sournoisement partout, en disant : «Si votre enfant ne fréquente pas notre école, adieu les bons de pain ; si votre mari vote pour la République et non pour le pape (et encore le pape d'avant sa conversion) vous serez rayé sur la liste de nos pauvres. »

Et ces agissements durent depuis quinze ans, comme nous le disions plus haut !

Le Bureau de bienfaisance s'est fatigué d'être toujours dupé (on l'eût été à moins) et il s'est enfin décidé à rendre à ces adversaires irréconciliables la monnaie de leur pièce. — Et voilà nos gens aux abois, criant tous au scandale, à la tyrannie ! Calmez-vous, messieurs, vous en verrez bien d'autres !...

En attendant, la commission va essayer de récupérer le montant de tous les dons et legs qui restent enfouis dans la caisse noire du Bureau de charité, et qui servent aujourd'hui à des largesses sagement entendues. Si elle obtient gain de cause, elle pourra se montrer plus généreuse, surtout lorsque le produit des quêtes de l'Eglise auxquelles elle a droit, tombera dans sa bourse, et lorsque enfin tous les anciens membres de la Société de charité se montreront moins récalcitrants à l'égard du Bureau de bienfaisance !...

Alors, peut-être, la commission pourra disposer de ressources suffisantes pour ne plus établir de distinctions ; mais jusque-là il faut qu'elle songe aux malheureux qui, ayant refusé d'envoyer leurs enfants aux écoles congréganistes, se trouveraient dans la détresse, si le Bureau de bienfaisance ne les dédommageait de l'inégalité flagrante qui a été créée depuis si longtemps par l'Association de charité entre les pauvres de la ville.

Il faut, en un mot, que les républicains ne pâtissent plus de l'intolérance de certaines familles.

Et maintenant, si la *Sarthe* veut se renseigner à nouveau sur la situation, elle n'a qu'à s'adresser, comme nous l'avons fait, aux habitants de Saint-Calais eux-mêmes ; ceux-ci lui diront de quel côté se trouvent encore le droit, la justice et la liberté.

LA SARTHE

Du 31 Octobre 1892

Le Bureau de Bienfaisance de Saint-Calais

Enfin l'*Avenir* a parlé !

Avec sa prudence habituelle, l'*Avenir* s'est bien gardé de mettre sous les yeux de ses lecteurs le corps du délit, — la fameuse lettre de « ce brave homme » qu'on appelle M. Leconte. « Brave homme », le mot n'est pas de nous ; c'est l'*Avenir* qui parle ainsi, et l'expression ne laisse pas que d'être un tantinet dédaigneuse s'appliquant à un homme public, conseiller municipal et membre du bureau de bienfaisance. Mais... c'est l'affaire de M. Leconte ! !...

Fort empêché de défendre le libéralisme d'une mesure qui consiste à priver de pain toute une catégorie de malheureux, parce qu'ils n'envoient pas leurs enfants à l'école officielle, l'*Avenir* nous explique qu'il s'agit tout simplement de jouer un bon tour aux bourgeois... c'est « la monnaie de leur pièce »... un moyen de se venger de « **l'abstention « inqualifiable des anciens membres du bureau de « charité qui refusent d'apporter leur obole aux « nouveaux.** »

Voyez-vous cette ingratitude des anciens ! ! **Voilà des gens qui, depuis plus de 60 ans, ont donné leur argent pour les pauvres de Saint-Calais, qui ont rendu des services attestés par la population et par le conseil municipal lui-même ; —** un beau jour, il vous a pris la fantaisie de les flanquer à la porte et de vous mettre à leur place ; — **par simple calcul politique, vous les avez exclus, TOUS, de la commission de charité, aussi bien que du bureau de bienfaisance..... et vous aviez la prétention de croire qu'ils allaient continuer à vous donner leur argent, qu'ils paieraient, et que c'est vous qui, sans contrôle, distribueriez les fonds, avec cette impartialité qu'on vous connaît.** Vrai ! S'ils avaient eu une pareille naïveté, vous vous seriez moqué d'eux, et vous auriez eu bien raison.

Et c'est vous qui venez nous parler de « jésuitisme » et d'hypocrisie ! mais, ce qui est une hypocrisie, c'est de prétendre que la loi vous obligeait à supprimer l'ancienne commission de charité, puisque vous l'avez immédiatement rétablie sous une autre forme, avec un simple changement de personnes. — Ce qui est une hypocrisie, c'est de venir dire que vous vous préoccupez des pauvres, quand vous ne songez qu'à vous-mêmes, à votre passion politique.

Ce qui est une hypocrisie enfin, c'est de venir *insinuer* que l'ancienne commission de charité « livrait une guerre » quelconque aux parents qui envoyaient leurs enfants aux écoles laïques, quand vous savez que c'est faux — absolument faux — et tellement faux qu'aujourd'hui encore la liste des pauvres secourus est la même que celle qui avait été dressée par l'ancienne commission (on n'a trouvé rien de mieux à faire que de la suivre).

Et si tout cela ne suffit pas pour vous édifier, eh bien! relisez la **délibération du conseil municipal de Saint-Calais en date du 17 décembre dernier :**

Après avoir exposé que le bureau de bienfaisance a été mis en demeure de distribuer lui-même ses secours, et qu'« on a rayé de son budget les sommes distribuées par les associations de charité », **M. le maire s'exprime ainsi :**

« En vous proposant l'organisation nouvelle, « devenue nécessaire, par la mise en demeure de « rentrer dans les règlements légaux, nous ne « devons pas oublier que, depuis plus de 60 ans, « deux associations, qui n'étaient que les organes « de distribution du bureau de bienfaisance, ont « à force de dévouement, de charité, au moyen « de quêtes et de subventions municipales secouru « largement nos pauvres, et ce SANS CHARGER LE « BUDGET COMMUNAL. J'ESPÈRE QUE NOUS FERONS « AUSSI BIEN ; MIEUX CE SERAIT DIFFICILE. **Les « pauvres n'auront pas à souffrir, c'est l'essentiel. « Mais nous ne pouvons nous séparer d'elle sans « les remercier de leur généreux concours. »**

Pas une protestation ne s'est élevée du sein du conseil municipal, et la délibération est signée de tous les membres présents, parmi lesquels M. Leconte.

Quelques jours après, le 30 décembre, M. Charbonnier, maire, adressait la lettre suivante au président de l'ancienne Association :

« *Saint-Calais, 30 décembre 1891.*

« *Monsieur le président,*

« *L'Association que vous présidez cesse dans*
« *deux jours d'être rattachée à l'administration*
« *municipale pour l'assistance de nos indigents.*
« *Le bureau de bienfaisance rentre dans la loi*
« *commune : il doit distribuer ses secours lui-*
« *même, sans le concours d'aucun intermédiaire.*
« *C'est la loi : je m'incline.*

« *Avant de me séparer de cette Association qui,*
« *depuis 60 ans qu'elle existe, a fait beaucoup de*
« *bien et a prêté le concours le plus généreux*
« *aux diverses administrations qui se sont suc-*
« *cédé, — il est de mon devoir de lui laisser*
« *comme souvenir le vote de remercîments et de*
« *reconnaissance que, sur ma proposition, a*
« *émis le conseil municipal dans sa séance du*
« *17 courant.*

« *Veuillez agréer, monsieur le président, et*
« *faire agréer à vos collègues l'expression de*
« *mes sentiments reconnaissants et dévoués.*

« Dr C. CHARBONNIER,
« *maire.* »

Voilà comment était jugée, par des personnes non suspectes, cette ancienne Association de charité, qui, d'après l'*Avenir*, « *a profité sans vergogne* « *des fonds que le bureau de bienfaisance lui* « *confiait pour tenir à sa merci tous les pauvres* « *de Saint-Calais.* »

Personne à Saint-Calais ne se méprendra sur le but que vous voulez atteindre. Ce que vous ne pouvez obtenir par la persuasion, vous voulez l'arracher par la force. La liberté vous fait peur depuis que vous êtes les maîtres.

L'AVENIR DE LA SARTHE

Du 4 Novembre 1892

L'Affaire de Saint-Calais

Nous avons reçu la lettre suivante d'un de nos lecteurs de Saint-Calais :

Monsieur le Rédacteur en chef de l'*Avenir*,

Votre vaillant journal, que nous suivons ici avec grand intérêt, ne manque pas de relever chaque jour les diatribes des feuilles réactionnaires, à propos de la lettre de M. Leconte, conseiller municipal de Saint-Calais.

Vous aurez fort à faire, car l'importance que les feuilles en question paraissent attacher à cet incident dont l'origine est insignifiante, personne ne l'ignore, prouve bien l'acharnement inouï des adversaires de la République contre l'instruction laïque.

Il est vrai que les congrégations, avec leur clientèle de femmes et d'enfants, constituent la seule planche de salut à laquelle ils se raccrochent en désespérés, et rien de ce qui touche à cette épave suprême ne saurait les laisser indifférents.

Aussi faut-il entendre les clameurs que jettent à la fois l'*Autorité*, la *Sarthe*, le *Nouvelliste*, le *Maine*, la *Croix* et jusqu'au *Journal de Mamers ;* toute la flore luxuriante enfin du jardin clérical s'épanouit ; et, comme un lys, qui, sous la rosée bienfaisante, entr'ouvre sa corolle pour embaumer l'air matinal, les feuilles pieuses exhalent à plaisir les parfums capiteux de la lettre de M. Leconte.

L'atmosphère de Saint-Calais en est troublé ; on n'est pas habitué ici à ces triples extraits distillés et l'odorat s'habitue difficilement à ces âcres senteurs.

Il faudra bien nous civiliser cependant, car tout comme Calvignac, ne l'oublions pas, nous sommes en passe de devenir célèbres.

N'est-il pas vrai que, par la grâce des journaux précités, notre petit coin de terre semble devenu le théâtre des plus *sinistres exploits ?*... Ce n'est plus aujourd'hui ce pays paisible, aux riants coteaux, aux vallées ombreuses où la nature reflète si fidèlement les mœurs patriarcales des habitants, où les passions et les haines sont assoupies, où la vie est calme et facile à l'abri des tempêtes sociales.

Saint-Calais depuis quelque temps est devenu la proie d'un mauvais génie ; une métamorphose s'est opérée qui a transformé les hommes en Sauvages... On y voit même un sieur Leconte, qui, plus féroce que Fouquier-Tinville, ne se contente pas de dresser tous les jours des listes d'accusation... Ce monstre vient d'organiser récemment une société d'anthropophages, dérisoirement appelée Bureau de bienfaisance, dont la spécialité consiste à manger les petits enfants tous crûs...

Et n'allez pas croire, Monsieur le Rédacteur en chef, que ce tableau soit exagéré, vous en avez d'ailleurs vous-même rapporté très exactement les détails.

En présence d'une situation aussi terrible, on pourrait supposer que les Sauvages ne sortent plus qu'armés de revolvers ou de tromblons, et que la France, en surveillant les grévistes de Carmaux, ne quitte pas de l'œil la Ruine de Saint-Calais.

Eh bien ! permettez-moi de faire appel à votre publicité pour rassurer tous ceux qui, de près ou de loin, s'intéressent à nous, car, s'il est vrai que la société Leconte et Cie soit composée de profonds scélérats devant la presse réactionnaire, elle a conservé encore l'estime de bien des gens, et notre petit pays n'a pas trop modifié, quoi qu'on en dise, ses habitudes de calme et de courtoisie.

Je n'en veux pour preuve que le dernier banquet organisé par la Société de tir. Cent convives au moins se trouvaient réunis le 22 courant dans la salle des fêtes de la mairie. Les opinions les plus diverses s'y trouvaient représentées, et, chose étonnante me direz-vous, après la lecture des articles auxquels je faisais allusion tout à l'heure, pas la moindre effusion de sang ne s'est produite ; il y avait même de la cordialité dans cette réunion, et je crois, ma parole, que M. Dugué en personne applaudissait le discours si patriotique du sous-préfet, lorsque ce dernier, faisant allusion à la défense de la patrie pour laquelle le gouvernement de la République n'avait ménagé aucun sacrifice, ajoutait : « que sur ce terrain on sentait bien qu'il n'y avait pas de place pour les querelles de parti ou les discussions politiques, et que la nation entière était au moins d'accord sur ce point. »

Il faut cependant reconnaître que l'ex-conseiller général et ses amis changeaient légèrement de mine, lorsque les chanteurs, sollicités de se faire entendre, après le banquet, leur ont servi tout un répertoire de chansons républicaines.

A noter, particulièrement, celle que M. Q... conseiller municipal ! encore un cannibale celui-là sans doute au dire de *La Croix*. Il est vrai que, ce soir-là, personne ne pouvait se douter des révélations que la *Sarthe* devait nous apporter le lendemain ; heureusement pour nous ! car la pensée de se trouver côte à côte avec quelques-uns de ces ogres de la société Leconte, n'aurait pas manqué d'empêcher bien des convives de faire honneur à l'excellent dîner de Mme Rottier, ce qui vraiment eût été dommage !

Et maintenant excusez-moi, Monsieur de Rédacteur en chef, de cette longue épître, mais puisque vous avez déjà entretenu vos lecteurs de cette question du Bureau de bienfaisance, il leur sera peut-être agréable de connaître les réflexions d'un habitant de Saint-Calais.

Votre tout dévoué,

QUIDAM.

LA SARTHE

Du 6 Novembre 1892

Le Bureau de Bienfaisance de Saint-Calais

De plus en plus prudent l'*Avenir* se dérobe !

Quand nous lui avons une première fois révélé la lettre de M. Leconte (dont il a si bien caché le texte à ses lecteurs), l'*Avenir*, de son air le plus dégagé, nous a répondu :

C'est bien simple ! Cette lettre, ainsi que la décision du bureau de bienfaisance s'expliquent tout naturellement ; elles ne doivent point vous surprendre (et même vous en verrez bien d'autres), c'est la conséquence logique — et fatale — des abus de l'ancienne organisation.

Pendant plus de quinze ans, l'ancienne Association de charité a fait sentir sa férule aux pauvres qui envoyaient leurs enfants aux écoles communales ; à notre tour maintenant de faire sentir notre férule aux pauvres qui envoient leurs enfants chez les sœurs. L'explication valait ce qu'elle valait : du moins c'en était une.

Mais, depuis, nous avons mis au jour deux nouveaux documents, — tout aussi significatifs, — et non moins authentiques que le premier : une délibération du conseil municipal de Saint-Calais, — et une lettre de M. Charbonnier, ancien maire, qui contredisent formellement les accusations de l'*Avenir*, — qui établissent même péremptoirement que l'ancienne Association de charité n'a jamais démérité, qu'elle a rendu pendant 60 ans les plus grands services aux pauvres et à la ville de Saint-Calais, qu'enfin on pourra faire *aussi bien*, mais difficilement *mieux* qu'elle.

Le cas ne laissait pas que d'être embarrassant. Que fait alors l'*Avenir?*..... Il change de conversation.

Le « vaillant journal » reçoit de Saint-Calais une épître dans laquelle un « quidam » nous parle — à propos de la lettre de M. Leconte, — des « clameurs que jettent à la fois l'*Autorité*, *La*

« *Sarthe*, le *Nouvelliste*, le *Maine*, la *Croix* et
« jusqu'au *Journal de Mamers.* »

. . . .

« Saint-Calais, continue M. Quidam, n'est plus « aujourd'hui ce pays paisible, aux riants coteaux, « aux vallées ombreuses où la nature reflète si fidè- « lement les mœurs patriarcales des habitants, où « les passions et les haines sont assoupies, où la vie « est calme et facile à l'abri des tempêtes so- « ciales.... »

De là à « Calvignac » il n'y avait qu'un pas. M. Quidam le franchit et nous dit un mot en passant de Fouquier-Tinville. Puis il nous parle d'une Société d'anthropophages..... et d'une Société de tir, du sous-préfet de Saint-Calais, de M. Dugué, d'un M. Q..., conseiller municipal et enfin d'une dame Rottier qui fait très bien la cuisine.

« Excusez-moi, dit en terminant M. Quidam, de « cette longue épître, mais puisque vous avez déjà entretenu vos lecteurs de cette question de bureau « de bienfaisance, il leur sera peut-être agréable de « connaître les réflexions d'un habitant de Saint- « Calais. »

M. Quidam est sans doute excusé d'avance ; mais qu'il nous permette une légère observation : il ne s'est sans doute pas aperçu qu'il nous avait parlé longuement — très longuement — de beaucoup de choses; mais qu'il ne nous avait pas dit un mot du bureau de bienfaisance : il y a là une lacune regrettable.

Nous serions pourtant assez curieux de savoir à quelle conclusion s'arrête l'*Avenir ;* car il faut choisir :

Ou l'ancienne Association de charité n'a pas commis les atrocités qu'on lui reproche, elle a mérité les compliments qui lui ont été adressés, et alors la lettre de M. Leconte aussi bien que la décision du bureau de bienfaisance de Saint-Calais ne peuvent plus se défendre.

Ou l'ancienne Association de charité est bien cette Association, sans vergogne qui « a profité des fonds « que le bureau de bienfaisance lui confiait pour « tenir à sa merci tous les pauvres de Saint-Calais » et alors... le conseil municipal de Saint-Calais, aussi bien que son ancien maire, M. Charbonnier, ne savent pas ce qu'ils disent.

Ne pourrons-nous connaître l'opinion de l'*Avenir* sur ce point délicat, mais précis ?

En attendant, nous l'engageons à méditer l'appréciation impartiale d'un journal républicain, l'*Evénement*, qui, jugeant la lettre de M. Leconte, s'exprime ainsi : « Il y a une certaine cruauté et un « manque absolu de conscience dans ce marchan- « dage honteux qui subordonne un secours à la né- « cessité pour le misérable d'envoyer ses enfants « dans telle ou telle école. »

Cette citation, n'en déplaise à M. Quidam, n'a point été cueillie dans « la flore luxuriante du jar- « din clérical. »

L'AVENIR DE LA SARTHE

Du 11 Novembre 1892

L'Affaire de Saint-Calais

Lettre du Bureau de Bienfaisance

Nous recevons la communication suivante :

Le Bureau de bienfaisance de Saint-Calais avait cru devoir rester étranger jusqu'à ce jour aux polémiques et aux clameurs soulevées contre lui dans une certaine presse.

Il se décide aujourd'hui à rompre le silence pour ne pas laisser l'opinion publique s'égarer plus longtemps sur un fait reproché à l'un de ses membres, mais dont il revendique hautement toute la responsabilité.

Il paraît superflu de rappeler dans quelles conditions le monopole de la charité exercé par l'Association que l'on sait lui a été retiré, et pourquoi le Bureau de bienfaisance a cru devoir reprendre, après les avoir trop longtemps abdiqués, les attributions, les droits, le mandat que lui confère la loi et qui sont la raison même de son existence.

Cette mesure, nécessitée par d'intolérables abus, a été approuvée, sans réserve, par l'opinion publique.

Que la coterie formant l'ancienne Association, se voyant privée des instruments de domination que le Bureau de bienfaisance lui avait si bénévolement abandonnés, récrimine aujourd'hui... Rien n'est plus naturel... Mais, qu'elle excipe contre le Bureau de bienfaisance d'une accusation aussi odieuse que celle de partialité et d'injustice, c'est ce que le Bureau ne peut laisser passer sans formuler une légitime protestation.

Il est de notoriété publique, et nous affirmons avec la dernière énergie, que cette Association, dite de

Charité, pratiquait depuis de longues années cette partialité qu'elle nous impute aujourd'hui.

Toutes les dénégations ne prévaudront pas contre cette vérité bien connue de tous, et notamment des pauvres de la ville.

C'est que, pour avoir droit à ses faveurs, il fallait sacrifier une part de sa conscience et de sa liberté ; il fallait, de préférence, fréquenter les écoles congréganistes où l'on enseigne des principes contraires à la démocratie. C'est cette Association qui a tout d'abord mis à l'ordre du jour le principe dont le journal la *Croix* lui-même nous offre la formule : « l'école congréganiste ou pas de pain ni de feu. »

C'est cet abus que le Bureau de bienfaisance a cru devoir réprimer en destituant l'Association de ses prérogatives illégales ; il a considéré qu'il devait réagir énergiquement contre de semblables procédés, qu'il devait enfin protéger avant tout les écoles municipales et rétablir, en leur faveur, l'équilibre que la trop fameuse Association faisait pencher depuis longtemps du côté des écoles cléricales. Pour atteindre ce but, il a dû prendre les mesures commandées par les circonstances, sans léser ni violenter les droits de personne.

Les adversaires se sont-ils inclinés devant le nouvel état de choses ? ont-ils cessé d'attaquer nos écoles et d'en détourner les enfants du peuple ? laissent-ils le Bureau de bienfaisance exercer librement et pour le bien de tous la mission dont il est investi ? En aucune façon. — L'ancienne Association ne désarme pas ; elle reprend l'offensive ; elle se reconstitue ; elle dirige contre nos écoles des attaques plus serrées et plus dangereuses que jamais.

Le devoir du Bureau de bienfaisance était donc de ne pas désarmer lui-même.

Assurément, il est regrettable que la politique vienne se mêler aux questions de bienfaisance. Mais, ce n'est pas le Bureau de bienfaisance qui l'y a introduite. Ce sont ses adversaires ! et si longtemps que ces derniers resteront sur le pied de guerre, le Bureau continuera son œuvre de défense et de protection.

Il sera large, libéral, tolérant, mais il ne jouera jamais le rôle de dupe.

Le Bureau de bienfaisance déclare, en outre, qu'il ne se sent ni surpris, ni atteint par la publication d'une lettre de M. Charbonnier; si quelqu'un peut s'en trouver blessé, c'est son auteur, et non le Bureau lui-même.

Nous plaignons sincèrement M. Charbonnier de se voir décerner par la *Croix* un brevet de radicalisme et de se voir tresser en même temps, par les journaux réactionnaires, des couronnes de fleurs. Nous souhaitons qu'elles lui soient légères, mais nous aurions préféré pour M. Charbonnier un meilleur couronnement de sa carrière.

Sa lettre n'est que la conséquence du rôle qu'il a pu jouer et que nous ne voulons pas discuter actuellement, jugeant préférable de laisser un ancien collègue jouir en paix du bénéfice d'une retraite qui semble aujourd'hui définitive.

Mais, puisque la *Croix*, notamment, n'a cru devoir distribuer d'éloges qu'à nos pires adversaires, il est peut-être bon de combler cette lacune et de montrer de quel côté ont éclaté, en tout temps, l'abnégation, le désintéressement véritables.

Nous touchons ici un sujet délicat. Il faudrait mettre en lumière les services que nous avons pu rendre et blesser la modestie de plusieurs d'entre nous ; aussi, nous paraît-il suffisant de rappeler la création de ces ateliers, qui permettent aux ouvriers sans travail de gagner honnêtement leur pain pendant l'hiver, et, faut-il le dire ? n'est-ce pas l'un des membres de notre commission, qui, faisant preuve d'un esprit de charité, dont nous chercherions vainement un autre exemple parmi les membres de l'ancienne Association, n'hésite pas, malgré son grand âge, à s'exposer aux intempéries les plus rigoureuses pour diriger ces ateliers ?... N'est-ce pas au dévouement de cet homme de bien que nous sommes redevables d'une œuvre dont le côté moral ne saurait échapper à personne, et qui, de plus, est essentiellement pratique. car il ne faut pas oublier que, grâce à cette combinaison, la commune de Saint-Calais voit tous les jours grandir et s'augmenter, sans débourser un centime, la construction de ses chemins ruraux.

Nous n'insisterons pas davantage, car si l'opinion publique n'est pas déjà suffisamment fixée, elle saura bien, tôt ou tard, apprécier entre notre conduite et nos accusateurs.

Le Bureau de bienfaisance de Saint-Calais.

LA SARTHE

Du 12 Novembre 1892

Le Bureau de bienfaisance de Saint-Calais

Cette fois ce n'est plus l'*Avenir* qui nous répond, ni M. Quidam..... c'est le bureau de bienfaisance en personne, qui « se décide à rompre le silence, pour « ne pas laisser l'opinion publique s'égarer plus « longtemps. »

Ce préambule nous faisait prévoir des révélations écrasantes ; à nos arguments si précis, on allait sans doute opposer des arguments plus précis encore..... Eh bien ! non. Rien de semblable : pas une citation, pas un document, pas un fait. *Le bureau de bienfaisance affirme..... et nous devons croire !*

Ainsi, il affirme « *avec la dernière énergie* » que cette Association « dite de charité » (l'ancienne) pratiquait depuis de longues années la partialité la plus révoltante ; « pour avoir droit à ses « faveurs il fallait sacrifier une part de sa cons- « cience et de sa liberté », et quand l'ancienne organisation fut supprimée, « cette mesure, néces- « sitée par d'intolérables abus, a été approuvée, « sans réserve, par l'opinion publique..... Toutes « les dénégations ne prévaudront pas contre cette « vérité bien connue..... »

Il y a bien une *lettre de M. Charbonnier*, qui affirme le contraire *avec la dernière énergie ;* — le bureau de bienfaisance daigne nous en parler, — mais il s'empresse de déclarer « qu'il ne « se sent ni surpris, ni atteint par la publication « de cette lettre ; si quelqu'un peut s'en trouver « atteint, c'est son auteur et non le bureau lui- « même.

« Nous plaignons sincèrement M. Charbonnier, « dit-il, de se voir tresser des couronnes de fleurs « par les journaux réactionnaires. Nous souhaitons « qu'elles lui soient légères ; mais nous aurions « préféré, pour M. Charbonnier, un meilleur cou- « ronnement de se carrière.

« Sa lettre n'est que la conséquence du rôle
« qu'il a pu jouer et que nous ne voulons pas dis-
« cuter actuellement, jugeant préférable de laisser
« un ancien collègue jouir en paix du bénéfice
« d'une retraite qui semble aujourd'hui définitive. »

Voilà une exécution en règle ! ou nous ne nous y connaissons pas. Et si M. Charbonnier n'est pas content de ses anciens amis, c'est qu'il est difficile !

Il y a bien aussi quelque part une *délibération du conseil municipal de Saint-Calais*, conforme à la lettre de M. Charbonnier, déclarant que l'ancienne Association mérite tous les éloges et que si on arrive à faire aussi bien qu'elle, sûrement on ne fera pas mieux; mais il paraît que c'est quantité négligeable..... et l'écrivain qui signe « le Bureau de bienfaisance » se tire très habilement d'affaire... il n'en souffle pas mot. Il se sera sans doute aperçu que l'exécution en bloc du conseil municipal présentait quelques difficultés stratégiques ; passe encore pour un ancien maire, qui a cessé de plaire : on le jette à l'eau et tout est dit ; mais un conseil municipal tout entier, le cas est plus délicat — surtout si on songe que la plupart des membres du bureau de bienfaisance sont en même temps conseillers municipaux. Les voyez-vous s'infligeant des démentis à eux-mêmes !

Le bureau de bienfaisance nous apprend qu'il sera « large, libéral, tolérant, mais il ne jouera
« pas le rôle de dupe. »

Aussi approuve-t-il sans réserve la lettre de

M. Leconte (cette lettre qui a été réprouvée même dans la presse républicaine), il la fait sienne, « *et* « *revendique hautement la responsabilité de ce* « *fait reproché à l'un de ces membres.* »

Si M. Charbonnier n'est pas content, du moins M. Leconte le sera. Désormais la lettre de M. Leconte prend un caractère dogmatique, elle n'est plus la conséquence fortuite d'un accès de zèle, imprudent; c'est bien en vertu d'une décision officielle qu'on dit aux pauvres de Saint-Calais : *l'école communale ou pas de pain!*

Et nous savons ce qu'entendait l'*Avenir*, quand il écrivait en décembre 1891 : « Désormais le bureau « de bienfaisance de Saint-Calais pourra accomplir « sa tâche avec l'*impartialité qui lui est assignée* « *par la loi.* » Cette impartialité, la voilà!

— En terminant, le bureau de bienfaisance, qui pense à tout, pense qu'il ne ferait pas mal de se décerner quelques éloges... puisque personne n'y songe.

« Il est peut-être très bon, dit-il, de combler cette « lacune et de montrer de quel côté ont éclaté en « tout temps l'abnégation, le désintéressement véri- « tables. »

(A cet instant, le bureau de bienfaisance s'aperçoit qu'il va peut-être manquer de modestie : il hésite)...

« Nous touchons, continue-t-il, un sujet délicat. « Il faudrait mettre en lumière les services que nous « avons pu rendre, et blesser la modestie de plu-

« sieurs d'entre nous... » (Allons, n'ayez pas peur!!)

Et il nous fait l'énumération des avantages que la ville de Saint-Calais a retirés de la création des ateliers de charité.

Mais, messieurs, vous oubliez que ces ateliers de charité ont existé bien avant votre nouvelle organisation et qu'ils sont l'œuvre du conseil municipal et non la vôtre : le bureau de bienfaisance n'a rien à y voir. D'ailleurs vous reconnaissez vous-mêmes que le succès de ces ateliers de charité est dû presque exclusivement à l'initiative et au dévouement d'un homme qui est estimé de tous à Saint-Calais. Or, c'est en sa qualité d'adjoint, et non comme membre du bureau de bienfaisance, que M. Helle-Desjardins a été appelé depuis un grand nombre d'années à diriger les ateliers de charité . Vous n'avez donc aucun droit de vous parer de ses mérites. Nous regrettons seulement de lui voir risquer en votre compagnie son vieux renom de libéralisme.

Car, vous aurez beau multiplier les insinuations, et vouloir persuader à quelques-uns que vous usez aujourd'hui de représailles, — outre que ces représailles sont d'une dignité douteuse en matière de charité, — *vous ne persuaderez à personne que vous respectez la liberté des pauvres, quand vous les menacez de la suppression de leur pain s'ils n'envoient pas leurs enfants dans votre école; vous ne persuaderez pas davantage qu'en agis-*

sant ainsi vous accomplissez votre tâche avec l'impartialité qui vous est assignée par la loi.

Il n'y a pas deux manières de comprendre la liberté; il n'y en a qu'une. Nous réclamons pour le pauvre, comme pour le riche, le droit d'envoyer ses enfants à l'école de son choix. Il est entendu désormais que ce droit, vous le refusez aux pauvres. Pour vous, *la liberté,* — quand vous êtes les maîtres, — c'est la liberté d'opprimer les autres.

L'ÉVÉNEMENT

Du 31 Octobre 1892

M. Leconte, administrateur du bureau de *bienfaisance* de Saint Calais, répond en ces termes à une demande de secours :

(Suit la lettre Leconte).

Cet intolérant personnage mérite-t-il que nous tolérions sa littérature ?

S'il dispense les bienfaits de la charité, il n'a certainement pas reçu ceux de l'instruction. Brouillé avec l'orthographe, il paraît l'être également avec les sentiments que doit inspirer à toute âme décente la vue de la misère et de l'infortune, Il y a une certaine cruauté et un manque absolu de conscience dans ce marchandage honteux qui subordonne un secours à la nécessité pour le misérable d'envoyer ses enfants dans telle ou telle école.

A vrai dire, ces petits crimes contre la liberté individuelle ne sont pas sans précédent, mais encore leurs auteurs avaient-ils jusqu'ici la pudeur, s'ils faisaient mal... de bien écrire.

LE FIGARO

Du 12 Novembre 1892

La Politique

Aux divers inconvénients matériels et moraux qu'entraînerait la prime offerte aux « acccouchées » industrielles et agricoles, il faut joindre l'arbitraire qu'y implanterait nécessairement le courant d'esprit où nous sommes. Ces secours deviendraient forcément une ressource de propagande électorale en même temps que de tyrannie locale. Il est permis de le supposer, quand on voit ce qui s'est passé, il y a quelques semaines, à Saint-Calais.

Un conseiller municipal de cette petite ville, administrateur du bureau de bienfaisance, le sieur Leconte, a eu l'audace d'écrire à un père de famille indigent l'abominable lettre que voici. Nous la reproduisons d'après un fac-similé du journal la *Sarthe*, en respectant l'orthographe nouvelle couche dudit sieur.

(Suit la lettre de Leconte.)

Que dites-vous de ce cynisme d'autant plus odieux qu'il frappe des pauvres et constitue ainsi une véritable lâcheté, un attentat du capital communal contre la misère d'un ouvrier?

Tant que la loi n'aura pas proscrit la liberté de conscience, elle devrait la protéger. Il est doulourex de songer qne la ville de Saint-Calais ne pourra changer la date d'une foire commerciale ou reconstruire un marché sans les autorisations et les paperasseries de l'administration, tandis que l'autorité centrale reste désarmée et, d'ailleurs, indifférente, devant la violation d'une loi morale infiniment plus respectable que les règlements de voirie.

Ce sont là, je le sais, des faits à peine perceptibles dans le grand torrent qui nous entraîne. Ils n'en sont pas moins odieux et n'en méritent pas moins la protestation de ceux que révoltent les tyrannies d'en bas autant que celles d'en haut.

« J'aime mieux, a dit un jour Voltaire (je n'ai pas le texte sous les yeux, mais je garantis le sens), être mangé par un lion d'une espèce supérieure que par des centaines de rats de la mienne. »

Que les républicains au pouvoir, que la petite oligarchie bourgeoise qui laisse la racaille des comités agir à sa guise et violer audacieusement les principes de cette Révolution qu'elle prétend impassible dans sa prépondérance y prennent garde! C'est par ces haines imprudemment soulevées que la République peut périr; c'est, en tous cas, contre ces abus de pouvoirs qu'il faut réagir et diriger les élections prochaines.

Nous ne demandons pas de privilège, mais nous avons le droit de vouloir la liberté et l'égalité. Ne parlons pas, s'il vous plaît, de la fraternité. Quand nous l'offrons, on la refuse. — F. M.

L'AVENIR DE LA SARTHE

Du 14 Novembre 1892

Le « Figaro » et l'Affaire de Saint-Calais

Décidément, la petite ville de Saint-Calais est en passe de devenir célèbre. Et c'est à la lettre de M. Leconte qu'elle le devra, ou plutôt au retentissement que la *Croix*, la *Sarthe* et le *Nouvelliste* ont donné à cette lettre.

Après l'*Autorité* et l'*Evénement*, voici que le *Figaro* s'occupe à son tour des faits et gestes du bureau de bienfaisance de Saint-Calais. M. Francis Magnard en personne consacre tout un Premier-Paris à la lettre de M. Leconte qu'il accompagne des commentaires des plus sévères.

La lettre en question, aux yeux de notre éminent confrère, « dénote un cynisme d'autant plus odieux qu'il frappe les pauvres et constitue ainsi une véritable lâcheté, un attentat du capital communal contre la misère d'un ouvrier ».

Il n'y a qu'un malheur, c'est que M. Magnard, pas plus que l'*Evénement*, ne connaît les dessous de l'affaire. Il ignore que tous les pauvres seraient restés égaux devant le bureau de bienfaisance si, par une abstention inqualifiable, les anciens membres réactionnaires d'une Association de charité n'avaient refusé catégoriquement d'apporter leur obole lors de la quête pour ce bureau. Il ignore aussi que, pendant quinze ans, ladite Association a réservé toutes ses ressources aux indigents qui fréquentaient les écoles congréganistes.

S'il avait su tout cela, il eût compris que le bureau de bienfaisance, fatigué de voir toujours ses adversaires établir une distinction entre les pauvres gens à secourir, n'avait fait en quelque sorte que rendre la monnaie de leur pièce aux membres de l'Association de charité.

Malheureusement, M. Magnard n'a entendu qu'une cloche, et cela lui a suffi pour partir en guerre contre une prétendue « mauvaise action » qu'en réalité ses coreligionnaires politiques de Saint-Calais auraient été les premiers à commettre.

Nous ne contestons pas aux journaux parisiens le droit de s'occuper de nos affaires locales, mais ce dont nous les blâmons, c'est de ne point se renseigner exactement, et à la source même, avant de grossir, par leur publicité, des incidents de peu d'importance que certains journaux réactionnaires de province ont tout intérêt à exagérer.

LE TEMPS

Du 14 Novembre 1892

Ce doit être, semble-t-il, une grande douceur d'être gouverné par une municipalité radicale ou socialiste. Comment, en effet, des gens qui prêchent la solidarité et la fraternité n'auraient-ils pas à cœur de faire de ces grands mots une réalité vivante dans la commune qu'ils administrent ? A Paris, Il est vrai, le conseil municipal ne nous a pas beaucoup gâtés à cet égard ; il nous a prouvé plus d'une fois qu'il n'y a pas d'accord nécessaire entre les principes et les actes. Mais en province ? Les âmes n'ont-elles pas dû conserver davantage le souci de la logique et n'ignorent-elles pas les contradictions dont on nous offre ici le triste spectacle ?

Hélas ! deux petits faits qui viennent de se produire l'un à Montluçon, l'autre à Saint-Calais, dans la Sarthe, paraissent bien propres à nous enlever toute illusion. A Montluçon, où le plus pur socialisme fleurit à l'hôtel-de-ville, de pauvres ouvrières chargées de famille sollicitent un secours. « Etes-vous syndiquées ? leur aurait demandé le maire. — Non, monsieur, mais nous avons plusieurs enfants et notre maigre salaire ne suffit pas à les nourrir. — Eh bien ! adressez-vous à votre patron, cela ne nous regarde point Si vous voulez mériter notre assistance, syndiquez-vous et mettez-vous en grève ; alors la commune vous soutiendra énergiquement. » Que dites-vous de cette façon d'aider les malheureux et de respecter la liberté du travail ?

Dans la Sarthe, c'est la liberté de conscience qui est visée. Un conseiller municipal de Saint-Calais, administrateur du bureau de bienfaisance, écrit à un père de famille indigent la lettre suivante, dont nous respectons l'orthographe (Suit le texte de la lettre) :

Evidemment, aux yeux de ce soi-disant libre-penseur, la pauvreté change d'aspect, selon les convictions de ceux qu'elle atteint. Si vous êtes de notre bord, venez à nous, nous soulagerons de notre mieux une injuste misère. Mais si vous croyez ce que nous ne croyons point, ne frappez pas à notre porte : nous n'avons pour vous ni argent ni pitié. C'est ainsi que l'on s'inspire à Saint-Calais des principes de 1789. On protestait jadis contre les billets de confession ; pour certain anticléricaux, le progrès consiste à exiger des billets de non-confession.

Au lieu de s'appliquer à des persécutions aussi mesquines ces municipalités ne seraient-elles pas beaucoup plus avisées en prouvant sur le terrain pratique de l'administration communale qu'elles sont capables de faire plus et mieux que les autres ? Pourquoi ne saisiraient-elles pas les occasions qui leur sont fournies de donner la preuve de leurs capacités et de leurs lumières ? Elles n'ont certes pas à craindre l'obstruction du gouvernement. On lui reprocherait malaisément d'exercer une surveillance trop ombrageuse : il n'a, d'ailleurs, qu'à empêcher les violations flagrantes de la loi. Mais il y a, dans la sphère de la légalité, toute une série de réformes et de mesures où peut se déployer, sans aucune contrainte, l'activité des conseils municipaux soclialistes. Qu'ils nous montrent enfin ce que contiennent de positif et de réalisable leurs rêves humanitaires ! Le suffrage universel ne manquerait pas de constater impartialement les résultats de l'expérience. Cette « propagande par le fait » ne serait-elle pas la plus habile et la plus efficace de toutes ?

L'AVENIR DE LA SARTHE

Du 16 Novembre 1892

Le « Temps » et l'affaire de Saint-Calais

Le *Temps* s'occupe à son tour de l'affaire Leconte. Notre grave confrère, ordinairement plus circonspect, réédite, avec de légéres variantes, les récriminations du *Figaro*.

Pour lui, tout le mal vient de la municipalité calaisienne qui est *radicale* ou *socialiste*.

Nous dirons au *Temps* ce que nous laissions entendre avant-hier à M. Francis Magnard :

— Avant de partir en guerre contre les pauvres provinciaux, renseignez-vous à la source même : ne vous fiez qu'à vos informations particulières, ou bien, si une enquête personnelle vous semble impossible, procurez-vous toutes les pièces du procès, autrement dit ne vous contentez pas de l'opinion des seuls journaux réactionnaires ou républicains.

La presse parisienne n'a connu l'affaire en question que par l'*Autorité* qui a publié la version de la *Sarthe*. Elle n'a eu sous les yeux ni les réponses de nos amis de Saint-Calais, ni celle du bureau de bienfaisance. Il lui est donc bien difficile d'apprécier exactement l'importance réelle d'un simple incident grossi à plaisir par nos adversaires politiques du département.

Cet incident, nous l'avons, depuis longtemps, réduit à ses justes proportions. On nous dispensera d'y revenir. Mais on nous permettra de nous étonner de l'attitude du *Temps*. Ce journal possède dans la Sarthe des correspondants sérieux. Que ne les a-t-il consultés, avant d'excommunier d'excellents républicains, qui partagent absolument ses idées politiques, et qui ne sont des *radicaux* et des *socialistes* que pour la *Croix du Maine?*

On ne tire pas sur ses propres troupes avec une pareille désinvolture.

LE PETIT COURRIER, d'Angers

Du 15 Novembre 1892

Un Bureau de Bienfaisance

Ce serait vraiment dommage de ne pas procurer toute la publicité possible au document que vient de révéler *La*

Sarthe C'est la lettre qu'un sieur Leconte, conseiller municipal de Saint-Calais et membre du bureau de bienfaisance, a adressée, il y a moins d'un mois, à un *indigent* de cette commune.

Voici le chef-d'œuvre dans sa pureté, car nous respectons toutes les libertés, même celle de l'orthographe.

(Suit la lettre Leconte).

Le cuistre qui s'est fait le commissionnaire du bureau de bienfaisance de Saint-Calais est peut-être une mauvaise bête, mais c'est à coup sûr un fieffé imbécile. Je penche à croire qu'il est l'un et l'autre. Il n'entrait vraisemblablement pas dans les vues du bureau de bienfaisance de donner à sa délibération les honneurs d'une circulaire. Leconte a été un sot. Il aurait dû comprendre que ces malpropretés-là se font en cachette et ne veulent point être criées sur les toits. Cet idiot malfaisant n'en a pas cherché si long. Il avait sa délibération en poche, et au lieu d'en jouer discrètement, sous le manteau de la cheminée et de dom Bazile, il n'a pu se tenir de la notifier bêtement, officiellement et en style d'Auverpin. Je demande pardon aux Auvergnats.

Je doute que le bureau de bienfaisance de Saint-Calais sache gré au sieur Leconte de sa maladresse ; mais je doute encore plus qu'il le désavoue si, comme il paraît avéré, ce jacobin de petite ville s'appuie sur une délibération en forme. C'est triste à dire, mais il est dans son droit, cet homme, tout comme le bureau est dans le sien. Je ne vois pas comment on pourrait atteindre l'un ou l'autre.

Aussi bien si le sieur Leconte est un maître gaffeur odieux mais ridicule, que dire du bureau de bienfaisance et de son innomable délibération? C'est tout simplement monstrueux, à ce point que je me demande comment des hommes doués, je ne dirai pas d'esprit de justice, mais d'un simple et vulgaire bon sens n'ont pas prévu la réprobation qui s'attacherait à l'acte dont ils encouraient la responsabilité. C'est de la tyrannie dans son expression la plus basse et la plus répugnante ; c'est l'exploitation de la misère, le chantage à la pauvreté, l'application du principe des pères sectaires : « Crois comme nous ou... crève de faim ».

Mon Dieu, je m'explique jusqu'à un certain point — je ne dis pas que j'approuve — la pression morale en vertu de laquelle un fonctionnaire hésite à choisir pour ses enfants certains établissements où le régime actuel est notoirement vu d'un mauvais œil. Ce n'est après tout qu'une application détournée du principe que pratiqua ouvertement la Royauté sous l'euphémisme de « *certificat d'études.* »

Mais forcer les indigents à envoyer leurs enfants à l'école communale, ou à les priver d'instruction, sous peine de se voir retirer les maigres secours du bureau de bienfaisance et de se trouver peut-être réduit à la mendicité, c'est un fait tellement énorme que les expressions manquent pour le flétrir.

Je voudrais bien sincèrement qu'il fût démenti, non seulement dans l'intérêt des hommes qui paraissent s'en être rendus coupables, mais encore et surtout dans l'intérêt de la République qui porte injustement la peine de pareils excès de pouvoir en partageant le discrédit qui s'y attache.

F. MORRY.

L'AVENIR DE LA SARTHE

Du 17 Novembre 1892

La « Lanterne » et l'Affaire de Saint-Calais

La *Lanterne*, elle aussi, parle de l'affaire de Saint-Calais, mais c'est pour faire la leçon à l'*Autorité*, au *Figaro*, à l'*Evénement* et au *Temps* lui-même.

Les journaux réactionnaires, dit-elle, et à leur suite les journaux républicains modérés, ont reproduit, avec toutes les apparences d'une véhémente indignation, une lettre de l'administrateur du bureau de bienfaisance d'une des communes de la Sarthe, invitant les personnes qui veulent avoir des secours du bureau de bienfaisance à envoyer leurs enfants aux écoles communales, s'ils n'y sont déjà.

Il est certain que, présenté sous cette forme et dégagé de toutes explications, un pareil avis peut être interprété comme une atteinte à la liberté des pères de famille auxquels il s'adressait. Mais les habitants de Saint-Calais ne s'y sont pas trompés. Ils savent parfaitement que le signataire de cette lettre n'a entendu viser les prétendus indigents qui trouvent de l'argent pour envoyer leurs enfants aux écoles congréganistes dont la gratuité, comme chacun sait, n'est qu'un leurre et une mystification.

Il serait, en vérité, étrange que ces mêmes personnes qui repoussent les secours de la commune, sous leur forme la plus naturelle et la moins blessante pour leur dignité, eussent le droit de prétendre à une part de ces secours en argent, au détriment de celles qui, plus pauvres, n'ont pas le moyen de faire pour leurs enfants, les frais d'une instruction payée.

Commencez par vous servir d'écoles qui ne vous coûtent rien, et vous serez alors en droit de recourir à la bienfaisance publique : voilà tout ce que l'administrateur du Bureau de bienfaisance, mis en cause a voulu dire, et, ce disant, il n'a fait que remplir les devoirs de sa charge et défendre les intérêts des véritables indigents contre la mendicité des faux indigents.

Nous ne sommes pas souvent d'accord avec la *Lanterne*, mais nous devons reconnaître que cette fois — une fois n'est pas coutume — c'est elle qui donne la note la moins fausse. Elle aurait même probablement, donné tout à fait la note juste, si elle eût connu les agissements de la fameuse Association de charité de Saint-Calais.

P. S. — Dans son numéro de ce jour, que nous recevons à l'instant, la *Lanterne*, revient encore sur l'affaire de Saint-Calais. Voici, sans commentaires, la note qu'elle publie :

Il faut y revenir à cette affaire de Saint-Calais qui fait le tour de la presse réactionnaire, et même d'une partie de la presse républicaine avec les commentaires les plus véhéments à l'adresse du Bureau de bienfaisance de cette ville.

Les journaux locaux, et notamment l'*Avenir de la Sarthe*, nous apportent aujourd'hui des détails qui rendent son véritable caractère à la décision prise par le Bureau de bienfaisance.

En réservant ses secours aux enfants qui fréquentent les écoles communales, il n'a fait que répondre à l'offensive prise par l'*Association de charité* qui, sous prétexte de bienfaisance, n'est qu'une entreprise de réaction cléricale. Les membres de cette Association ont refusé catégoriquement d'apporter leur obole à la quête faite par le Bureau de bienfaisance et depuis quinze ans elle réserve toutes ses liberalités aux parents des élèves des écoles congréganistes.

Nous ne doutons pas que, mieux rensigné, le *Journal des Débats*, ne reporte sur cette association la meilleure part des qualificatifs indignés qu'il décernait l'autre jour au Bureau de bienfaisance de Saint-Calais.

LE JOURNAL DES DÉBATS

Du 14 Novembre 1892

Nous citions hier, comme un exemple de l'esprit qui anime les municipalités socialistes, le refus opposé par le maire de Montluçon à la sollicitation de quatre pauvres

ouvrières jugées indignes de recevoir les secours du bureau de bienfaisance parce qu'elles n'étaient pas syndiquées. Le *Figaro* signale un fait du même genre et non moins révoltant. La lettre suivante, d'après le journal la *Sarthe*, qui en reproduit le fac-similé, a été écrite par le sieur Leconte, conseiller municipal et administrateur du bureau de bienfaisance de Saint-Calais. Nous en reproduisons l'orthographe originale :

(Suit la lettre Leconte).

On ne peut lire cette lettre sans indignation et sans dégoût. Elle ne fait d'ailleurs qu'exprimer, sous la forme la plus brutale, une idée qui fait partie de l'Evangile radical. N'avons-nous pas assisté à plusieurs reprises, et récemment encore, à une violente campagne contre les fonctionnaires coupables de faire élever leurs enfants dans des établissements libres, et dont on réclamait à grands cris la destitution? Le sieur Leconte s'inspire de la même pensée : il la pousse cyniquement à l'extrême et jusque dans ses conséquences les plus odieuses. Nous ne savons si les journaux radicaux le blâmeront pour la forme, mais au fond ils sont d'accord.

LE PETIT COURRIER, d'Angers

Du 18 Novembre 1892

Les deux font la paire

A l'abominable délibération du bureau de bienfaisance de Saint-Calais, notre confrère du *Patriote* oppose ce fait, dont il certifie l'exactitude, « qu'un des élèves d'une école « laïque d'Angers en a été retiré par ses parents qui « avaient été avertis que s'ils ne le faisaient pas, ils ne « recevraient plus de secours de certaines associations « cléricales. »

Eh bien! mais, « absolus partisans, comme notre confrère, de la liberté de conscience », nous trouvons cet acte tout aussi odieux que l'autre, et nous estimons qu'il doit être flétri au même titre et pour les mêmes raisons.

Nous ne sommes pas du tout de ceux qui ont comme principe : « Nous, ce n'est pas la même chose», pour nous, exploiter la misère des gens afin de contraindre leur liberté dans un sens ou dans l'autre, est le fait d'un sectaire, qu'il soit croyant ou libre-penseur.

Nous ne regrettons qu'une chose, c'est qu'on ne divulgue pas leurs noms.

LE PETIT COURRIER, d'Angers

Du 19 Novembre 1892

Liberté de Conscience

Le tapage qu'a soulevé dans la presse l'incident du bureau de bienfaisance de Saint-Calais prouve que le pays n'est point indifférent à ce qui touche la liberté de conscience. Et la très juste sévérité avec laquelle a été presque unanimement apprécié l'acte tyrannique que l'on connaît, semble un heureux symptôme. Est-ce que l'on commencerait à comprendre, en France, ce qu'est la liberté, et spécialement la liberté de conscience?

Je veux l'espérer, sous bénéfice d'inventaire toutefois, de peur des désillusions.

Il faut bien l'avouer, chez nous, la liberté de conscience est en quelque sorte étouffée entre les catholiques et les libres-penseurs. Si l'on rencontre d'un côté comme de l'autre des esprits éclairés et tolérants chez qui le respect de la liberté d'autrui prime le prosélytisme, c'est une minorité. Prenez au hasard, dans les deux camps, et ce sera miracle si vous ne tombez pas sur des sectaires prêts à s'entre dévorer.

De là ces luttes sourdes, ces concurrences plus ou moins loyales, ces haines de cloclers qui choisissent pour champ clos les écoles, les salles d'asile, les hôpitaux, autant dire toutes les institutions charitables ou philanthropiques.

A ce point que la guerre se fait parfois au préjudice des enfants,

Comment en serait-il autrement ? Chacun tire de son côté, les uns au titre du libre examen qui est leur principe irréductible, les autres au nom de la religion qu'ils tiennent pour l'absolue vérité.

Et ni les uns ni les autres ne paraissent se rendre compte qu'ils sont dans le faux à un égal degré et que le vrai principe, celui dont ils ne songent pas à se réclamer, c'est de laisser les gens faire ce qu'ils veulent.

Je sais bien et je vois non moins clairement que cette idée si simple, si primitive pour ainsi dire, ne pénètre pas facilement certains cervaux. Je n'ignore point qu'elle se heurte à des préjugés de plus d'une sorte et qu'elle passe pour entachée d'un damnable scepticisme. Mais j'ai beau appeler à mon aide la plus belle logique du monde, fût-ce celle de Port-Royal, je ne saurais m'ôter de la tête que contraindre, par exemple, les gens à aller à la messe c'est porter atteinte à leur liberté de conscience, non moins gravement que de les obliger à ne s'y point rendre.

Je ne me dissimule pas que ce que je dis là sera, en certains milieux, réputé empreint du plus mauvais esprit; je crois pourtant être dans le vrai et je me figure que faire pencher la balance d'un côté plus que de l'autre serait justement tomber dans l'erreur que je combats. Erreur qui se reconnaît presque sûrement à cette marque, que le zèle qui l'accompagne est irritable et violent, comme s'il gardait quelques doutes sur l'infaillibilité dont il excipe.

C'est peut-être son excuse.

J'ajouterai même, dussé-je passer pour un clérical, que, si je comprends les ardeurs d'une foi qui ne se laisse point tempérer sagement par quelque philosophie, en revanche, je ne m'explique pas du tout un fanatisme analogue chez les libres-penseurs, dont l'unique dogme consiste à penser librement. Les premiers peuvent invoquer une croyance dont l'absolutisme les mène logiquement à l'intransigeance en matière religieuse; les seconds, par cela même qu'ils revendiquent pour eux-mêmes la liberté de ne pas croire, seraient sans excuses s'ils ne respectaient chez les autres l'exercice de leur propre principe.

Je vais plus loin : j'estime qu'à raison même de ce principe c'est à eux qu'il appartient de donner l'exemple et de prouver par leur libéralisme, leur largeur de vues et leur indulgence, qu'ils savent mettre en pratique la haute philosophie dont la sérénité plane au-dessus des faiblesses et des superstitions.

Laisser chacun libre de penser comme il veut et de faire ce qu'il veut, est-ce donc si difficile? Voilà pourtant le fond et le tréfond de la liberté en toute matière, et je ne sache pas que la persécution, de quelque côté qu'elle vienne, ait jamais engendré autre chose que des luttes stériles et de tristes représailles.

Rabelais, qui était un grand philosophe et je crois bien aussi un grand libre-penseur — j'entends un pensenr de génie — avait résumé en deux mots cette loi incommutable de la liberté lorsqu'il institua comme règle de son abbaye de Thélème : « *Fay ce que vouldras.* »

LE FIGARO

Du 18 Novembre 1892

Le Conseil Municipal de La Ferté-Bernard

Voici, que le département de la Sarthe nous fournit un pendant à l'incident de Saint-Calais qui a fait le tour de la presse et soulevé une légitime indignation chez tous les indépendants. A La Ferté-Bernard, on a trouvé mieux encore.

Le 10 novembre, le conseil municipal de cette petite ville, sur la proposition d'un sieur Gasnier, a résolu de distribuer les secours du bureau de bienfaisance « uniquement aux familles qui fréquenteront les écoles publiques. »

« Un membre demande s'il entre dans la pensée de l'au-
« teur de la proposition de supprimer totalement le pain
« du bureau de bienfaisance aux familles qui enverront
« leurs enfants aux écoles congréganistes. »

M. Gasnier répond affirmativement.

Seize voix et un bulletin blanc sur dix-sept votants ont voté cet abominable abus de pouvoir. Le courageux journal la *Sarthe*, qui a déjà signalé la lettre de M. Leconte, à Saint-Calais, conteste la légalité de la délibération du conseil municipal de La Ferté-Bernard. Il faudrait de toute façon organiser un mouvement d'opinion contre des mœurs qui me semblent aussi barbares que l'emploi de la dynamite.

Vous représentez-vous le tapage qu'on aurait fait sous l'Empire si, par délibération publique, un conseil municipal avait refusé des secours aux familles dont les enfants ne fréquentaient pas les écoles congréganistes? Tout le ban et l'arrière-ban de l'opposition auraient donné — et l'on aurait eu raison.

De pareils faits ne doivent pas, ne peuvent pas passer inaperçus ; la consolation, c'est qu'ils portent avec eux leur châtiment. Les ressources du bureau de bienfaisance se recrutent principalement dans des milieux aisés où la passion anticléricale est rare et peu active.

Elles vont décroître et seront remplacées par des distributions directes de secours en dehors de leur contrôle et de leurs exigences. Les pauvres d'une autre opinion en seront les victimes et souffriront les premiers de l'intolérance de leurs élus. Je ne connais pas le chiffre des sommes que l'on distribue aux pauvres de La Ferté-Bernard, mais j'ai idée que les dix-sept municipaux n'y contribuent pas très largement.

Il est malheureux qu'on s'obstine à couper la France en deux et à multiplier la semence de rancunes inépuisables. — F. M.

LA SARTHE

Du 18 Novembre 1892

Le Bureau de Bienfaisance de Saint-Calais et le Conseil Municipal

Nous recevons d'un de nos correspondants de Saint-Calais les notes suivantes, sur la discussion qui s'est élevée hier au conseil municipal de Saint-Calais :

Séance des plus mouvementées hier, au conseil municipal de Saint-Calais. Après avoir écoulé un certain nombre d'affaires de peu d'importance, le conseil municipal avait à élire la commission chargée de dresser la liste des indigents admis au bénéfice de la *médecine cantonale.*

M. Dugué dépose le vœu suivant :

« Le conseil municipal, avant de procéder à la désigna-
« tion des membres qui doivent dresser la liste des indi-
« gents admis au bénéfice de la médecine cantonale,

« Emet le vœu :

« Que cette liste comprenne tous les pauvres, sans dis-
« tinction, et quelle que soit l'école fréquentée par leurs
« enfants. »

Ce vœu est adopté sans débat.

Le conseil continue sans incident l'expédition des affaires portées à son bordereau.

La séance terminée, M. Dugué demande de nouveau la parole et dépose le vœu suivant :

« Le conseil municipal émet le vœu que *le Bureau de bien-*
« *faisance* répartisse indistinctement les secours à tous les
« pauvres, quelle que soit l'école fréquentée par leurs
« enfants. »

« Vous venez, dit M. Dugué, d'approuver un vœu iden-
« tique pour la médecine cantonale. Ce qui est juste, dans
« un cas, doit être juste dans l'autre. »

Certaines protestations s'étant produites, M. Dugué fait une charge très vive contre la lettre de M. Leconte qu'il flétrit avec indignation.

Il passe en revue les diverses explications qui ont été données par l'*Avenir*, — et, dans l'*Avenir*, par le bureau de bienfaisance lui-même.

« Quand même, dit-il, les anciennes associations auraient commis les fautes que vous leur reprochez, est-ce que ces fautes excuseraient la conduite inqualifiable du Bureau de bienfaisance officiel. La loi vous oblige à distribuer des secours à tous les pauvres sans distinction de culte et sans catégories.

« Mais, reprend M. Dugué, vous n'avez même pas le prétexte que vous indiquez, » et M. Dugué rappelle les félicitations de l'ancien maire, M. Charbonnier, et du conseil municipal lui-même à l'adresse des anciennes associations ; il fait appel à M. Charbonnier qui déclare que, comme maire et président de l'Association de charité pendant un grand nombre d'années, *il n'a jamais eu à relever le moindre acte de partialité*.

M. Dugué demande qu'on cite des faits, qu'on montre par quelles infamies les anciennes associations ont pu justifier des représailles comme celles d'aujourd'hui.

M. Leconte alors prend la parole. Il cite une dame de charité qui, à une époque quelconque (il ne sait pas s'il y a 5 ans, 10 ans ou 15 ans), aurait dit *à un enfant* qui venait lui demander la charité :

— Où vas-tu à l'école, mon petit ?

— A la laïque, aurait répondu l'enfant.

— Eh bien ! tu n'auras rien.

Enfin !...

Voilà donc ces grandes révélations que nous attendions !!

« Et voilà, s'écrie M. Dugué, pourquoi désormais les pauvres qui ont leurs enfants ailleurs qu'à l'école officielle n'auront plus de pain ! C'est sur le témoignage d'un petit enfant, — et encore on ne sait pas seulement à quelle époque s'est produit ce grand événement, si c'est il y a 5 ans, 10 ans ou 15 ans.

« Je ne crois pas que le fait soit vrai, ajoute M. Dugué, mais, le fût-il, qu'il n'excuserait jamais l'attentat odieux que vous venez de commettre contre la liberté de conscience. » (Vives interruptions de M. Rocher et de M. Desjardins.)

« Pendant 15 ans, dites-vous, l'ancienne Association a
« réservé *toutes* ses ressources aux indigents qui fréquen-
« taient les écoles congréganistes. (Je cite textuellement le
« journal l'*Avenir*.)

« Eh ! bien, savez-vous comment était faite la répartition

de la charité par cette ancienne Association dont vous incriminez l'impartialité ?

« En 1891 — dernière année de fonctionnement de l'ancienne organisation — il y avait *86* familles inscrites sur la liste des pauvres secourus.

Sur ces 86 familles,
54 n'avaient pas ou n'avaient plus d'enfants.

Restait 32 familles avec enfants.

« Sur ces *32* familles, *20* envoyaient leurs enfants à l'école laïque, 12 seulement chez les sœurs.

« Et avez-vous réfléchi où vous nous conduisez avec ce système de représailles? Ainsi, messieurs, s'il survenait un changement quelconque dans l'orientation gouvernementale, si les personnes qui préfèrent l'enseignement libre arrivaient un jour au pouvoir, vous admettriez qu'à leur tour elles vinssent dire aux parents qui n'enverraient pas leurs enfants chez les sœurs : « Quittez l'école communale, « ou vous n'aurez plus de pain. »

— Ah ! dame, alors, dit M. Rocher, après un moment d'hésitation, tant pis pour nous..... ce jour-là, ce serait notre tour.

Même parmi les amis de M. Rocher, il se produit un grand mouvement de stupéfaction.

M. Hardyau se lève.

« J'occupe, dit-il, un grand nombre d'ouvriers dans ma tannerie, — et que diriez-vous si, usant des procédés dont vous nous donnez l'exemple, j'obligeais mes ouvriers à fréquenter l'école de mon choix? Dieu merci, je ne comprends pas la liberté comme vous, et mes ouvriers savent bien qu'ils peuvent envoyer leurs enfants où bon leur semble. »

M. Rocher reprend la parole, il développe longuement les arguments qui ont été déjà reproduits dans l'*Avenir* et que nous avons réfutés ici même. Puis tout à coup il tire de sa poche un journal de Châteaudun et lit l'histoire d'un propriétaire de ce pays qui dit un jour à un de ses fermiers :

— Où envoies-tu tes enfants ?

— A la laïque.

— Eh ! bien, tu les enverras chez les sœurs ou tu auras affaire à moi. Tu sais que tu me dois de l'argent !

M. Rinjard fait observer à M. Rocher, que ce fait n'a aucun rapport avec le Bureau de bienfaisance de Saint-Calais. Il flétrit énergiquement la conduite de ce propriétaire, et déclare qu'il ne connaît qu'une seule manière de respecter la liberté, c'est de les respecter toutes. Il ne voit pas comment l'acte d'intolérance commis par ce propriétaire d'Eure-et-Loir pourrait justifier l'acte d'intolérance du Bureau de bienfaisance de Saint-Calais.

A ce moment il devient impossible de suivre la discussion; les phrases s'entre-croisent, on s'interpelle, quelques membres quittent la salle, le maire veut lever la séance.

— Non, dit M. Dugué, nous ne voulons pas que la discussion soit étouffée ; qu'on nous laisse au moins la liberté de la parole !

La discussion reprend de plus en plus vive.

Enfin on vote.

Il ne restait plus que 16 membres présents.

Le vote par appel nominal, demandé par M. Dugué, est repoussé.

— Alors, dit M. Rinjard, nous ne saurons pas encore quels sont ceux qui, à Saint-Calais, veulent la liberté pour tout le monde.

Le scrutin secret donne les résultats suivants :

9 ont voté contre le vœu de M. Dugué.

5 pour.

2 bulletins blancs.

Donc, 7 membres sur 16 ont fait acte d'indépendance.

La minorité ne compte ordinairement que 3 voix, au conseil municipal de Saint-Calais.

Puisse ce résultat faire réfléchir nos petits tyranneaux de Saint-Calais !

LE NOUVELLISTE DE LA SARTHE

Du 18 Novembre 1892

La Guerre aux Pauvres

Ils vont bien les républicains de la Sarthe !

Il paraît que le cas de M. Leconte, administrateur du bureau de bienfaisance de Saint-Calais, n'est pas un cas isolé.

Son exemple a des imitateurs.

C'est l'*Avenir* d'aujourd'hui qui nous l'apprend.

Citons l'entrefilet suivant que la feuille opportuniste publie sous la rubrique de La Ferté-Bernard :

A la dernière séance du conseil municipal, M. le maire a donné lecture de la proposition suivante émanant de M. Gasnier :

Je crois devoir appeler l'attention du conseil municipal sur les écoles congréganistes de La Ferté-Bernard. Je veux parler des dons faits par le bureau de bienfaisance. Les familles qui sont dans l'aisance et qui ne demandent rien envoient leurs enfants à l'école où bon leur semble. Il n'en est pas de même pour les familles indigentes. Les partisans des écoles congréganistes vont leur faire des propositions de toute nature pour les détourner d'aller aux écoles publiques.

Si le bureau de bienfaisance distribue à part égale des secours aux familles qui envoient leurs enfants aux écoles congréganistes comme à ceux fréquentant les écoles publiques, il arrivera que ceux des écoles congréganistes seront plus favorisés, ce qui engagera les autres à abandonner les écoles publiques pour aller où on reçoit le plus.

Je propose au conseil municipal de faire nos dons uniquement aux familles qui fréquenteront les écoles publiques et de laisser s'arranger les congréganistes comme ils l'entendront.

Par 16 voix et un bulletin blanc la proposition a été adoptée.

Toute la presse, — à part la *Lanterne* et l'*Avenir*, a blâmé énergiquement la lettre inhumaine de M. Leconte.

Nous avons reproduit ici même des extraits du *Temps* et du *Journal des Débats*, qui ne sont pas suspects de cléricalisme.

D'autres journaux, comme l'*Estafette* et la *République française*, ont fourni la même note dans le concert d'indignation qui s'est élevé contre les prétentions du bureau de bienfaisance de Saint-Calais. La proposition de M. Gasnier et le vote du conseil municipal qui l'a adoptée ne peuvent manquer de soulever la même réprobation.

Les honnêtes gens de tous les partis sont unanimes sur ce point, et pensent qu'il est tout simplement ignoble de faire d'un cas de conscience une question de bon de pain ou de soupe.

Décidément, ils vont bien les républicains de la Sarthe.

Ils se trompent, par exemple, s'ils croient être habiles.

L'intolérance grossière dont ils donnent la preuve est bien faite pour ouvrir les yeux les plus obstinément fermés, et pour éloigner d'eux les libéraux, ainsi que ceux qui ont le cœur charitable et qui estiment que la misère seule est un titre à la pitié.

LE NOUVELLISTE DE LA SARTHE

Du 19 Novembre 1892

L'Affaire du Bureau de Bienfaisance et le Conseil municipal

A la séance du conseil municipal, qui a eu lieu hier soir à Saint-Calais, un incident des plus mouvementés s'est produit au sujet de l'affaire du bureau de bienfaisance dont nous avons déjà entretenu nos lecteurs.

Nous recevons la lettre suivante qui donne, de cette séance, un compte rendu humoristique et tout populaire, en des termes dont nous n'avons pas voulu altérer la saveur.

Aussi nous la publions intégralement :

Monsieur le Rédacteur,

Je viens d'assister à une séance de la chambre des « députés » de Saint-Calais.

En arrivant là, j'ai vu une vingtaine de Messieurs en paletot qui avaient l'air très grave ; ils avaient devant eux une feuille de papier qu'ils déchiraient de temps en temps, et ils donnaient les morceaux à un Monsieur placé au milieu qu'ils appelaient M. le maire ; je ne sais pas pourquoi faire qu'ils lui donnaient ces morceaux de papier, j'ai pensé depuis qu'il en avait peut-être besoin pour allumer son feu. Ça se pourrait bien, car on m'a dit après, qu'il avait été perruquier, donc il ne faisait pas de coquilles.

Mais ce n'est pas là ce que je veux vous dire.

Il y avait dans la société un petit monsieur en blouse qui a, je crois bien, fait une bêtise. Il a dit que dans les écoles libres on apprenait aux enfants à maudire la République ! Ça, je crois ben, foi d'Antoine ! que c'est pas vrai.

Mais c'est pas tout il y avait aussi dans la société un

Monsieur, qui a été maire, et qui est cor médecin, y rigolait tout seul dans sa barbe (mais je crois ben ma foi qui ne n'a point) enfin y rigolait de voir les autres s'attraper..

Ah ! mais ou j'ai le plus ri y en avait un qui avait l'air plus mâtin que les autres. Tenez, je vas vous donner son désignalement :

Il a une grande barbe, un nez crochu, et pis des lunettes, enfin une vraie tête à figurer chez Guignol.

Ah ! mais c'est celui-là qui m'a le plus fait rire, y donnait des coups de poings sur la table et pis, ma foi, il avait l'air de se fâcher, j'ai pensé en dedans de moi que c'était un malheureux que c't'homme là y gouverne pas queuque chose, parce que je crois ben que ça marcherait droit.

Ma foi, je peux pas vous dire son nom, mais il m'a fait l'air d'avoir la tête dure comme..... un rocher !

Y en avait un autre qui est blond, qui a une moustache blonde, ah ! mais, celui-là, il avait l'air d'embêter le monsieur aux lunettes et au nez crochu.

Le monsieur aux lunettes y parlait toujours de « *principe* ». Je ne sais pas ce que ça voulait dire, je suis point versé dans les mathématiques pour connaître ça.

Y pourrait ben qu'y en avait qu'y s'appelait... principe !

Enfin j'en sais rin, et Monsieur, vous ne savez pourquoi tout ce tapage et ben je vas vous le dire, y paraît que ça faisait le « *compte* » d'un monsieur qui ne veut pas que le bureau de charité y donne de l'argent aux parents des enfants qui vont à l'école libre,

Eh ben, moi, je vas vous dire mon opinion : les enfants qui vont à l'école libre sont aussi bien instruits que ceux qui vont à l'école laïque.

Le monsieur qui a la tête dure comme... un rocher, y disait que si on envoyait les enfants à l'école laïque c'était pour en faire de bons citoyens.

Eh ! ben, moi qui vous parle, j'ai été élevé à l'école libre, et je défie qui que ce soit de dire que je n'ai pas servi mon pays avec autant de dévouement que qui que ce soit.

Que vienne l'heure du danger, je suis encore prêt, quoiqu'ayant une famille à élever, à me sacrifier pour la patrie.

UN ÉLECTEUR.

L'incident qui a le plus particulièrement inspiré la lettre que l'on vient de lire, s'est produit à l'occasion d'un vœu déposé sur le bureau du conseil municipal par M. Dugué.

Dans ce vœu, M. Dugué demandait que les secours du bureau de bienfaisance fussent accordés à tous les pauvres indistinctement, quelle que soit l'école fréquentée par leurs enfants.

Après une discussion des plus violentes, et dont on peut se faire une idée par quelques passages de la lettre ci-dessus, le vœu si juste de M. Dugué a été repoussé par 9 voix contre 5 et 2 abstentions.

On voit que ce n'est ni au conseil municipal de Saint-Calais, ni dans celui de La Ferté-Bernard, dont nous avons eu également l'occasion de parler, qu'on retrouverait l'esprit de libéralisme, si jamais il était banni du reste du monde.

LA SARTHE

Du 19 Novembre 1892

Les Bureaux de Bienfaisance de Saint-Calais et de La Ferté-Bernard

Extrait des journaux « LA PAIX » *et* « LE TEMPS »

Un de nos correspondants nous écrit de La Ferté-Bernard :

Hier, dans l'après-midi, les pauvres de La Ferté, à qui le

bureau de bienfaisance donne du pain, se sont rendus sous les halles, comme à l'ordinaire.

Avant la distribution du pain, le commissaire leur a lu un avis émanant de l'autorité municipale, aux termes duquel ceux qui, JEUDI PROCHAIN, n'auraient pas envoyé leurs enfants aux écoles communales ne recevront plus de pain du bureau de bienfaisance.

Cette communication a été accueillie par quelques murmures.

Jamais, assurément, on n'avait poussé l'oppression jusqu'à ce degré de brutalité et de cynisme.

M. Leconte continue à faire école. Voici, par exemple, la nouvelle qui nous arrive d'Indre-et-Loire :

Il y a quelques jours, les membres du bureau de bienfaisance de Langeais étaient réunis, sous la présidence du maire, pour arrêter la liste des indigents admis à la médecine gratuite et à recevoir des secours du bureau.

A l'appel d'un nom — celui d'un père de famille dont l'une des filles est aveugle, incapable de gagner son pain — le président demande la radiation de cet individu, *parce que le plus jeune de ses enfants fréquente l'école libre de Langeais;* puis, malgré les observations indignées de deux des membres du bureau, le maire fait voter par la majorité du conseil *que le fait d'envoyer son enfant ou ses enfants à l'école congréganiste* rend tout père de famille indigne de recevoir aucun secours du bureau de bienfaisance.

Un journal républicain, la *Paix*, dit à ce sujet :

De pareils procédés sont absolument odieux, et il n'est pas un républicain qui ne doive réprouver la conduite de sectaires qui méconnaissent les trois grands principes dont nous nous réclamons : la liberté, l'égalité, la fraternité.

Les municipalités qui commettent de telles injustices

assument donc, au point de vue humanitaire, comme au point de vue moral et politique, une bien lourde responsabilité.

Un autre journal républicain, le *Temps*, à propos de la décision prise par le conseil municipal de La Ferté-Bernard, traite à fond la question des devoirs du bureau de bienfaisance, dans un long article que nous reproduisons en entier :

Nous avons déjà signalé, dit le journal républicain, l'esprit de secte et d'intolérance dont faisait preuve le bureau de bienfaisance de Saint-Calais, refusant de donner aucun secours aux familles indigentes qui n'envoyaient pas leurs enfants aux écoles laïques. Le maire de Montluçon obéissait au même esprit, mais il posait d'autres conditions à l'assistance de la commune ; il demandait que les ouvrières, mères de famille, fissent partie d'un syndicat et se missent en grève. Ainsi chacun impose les exigences de son petit *Credo* politique ou religieux. Si l'on n'y prend garde, on va bientôt voir cet esprit d'intolérance, soufflant de droite et de gauche avec la même violence, inaugurer dans nos communes les divisions et la tyrannie. Que deviendront dans tout cela l'esprit public et l'unité morale de la famille française ?

Nous avons aujourd'hui à noter un fait plus grave, parce qu'il émane d'un conseil municipal, c'est-à-dire d'une assemblée qui devrait être faite pour maintenir la paix et l'unité dans la commune. Dans sa séance du 10 novembre dernier, le conseil municipal de La Ferté-Bernard a décidé que désormais les familles nécessiteuses qui envoient leurs enfants aux écoles congréganistes ne recevraient plus aucun secours du bureau de bienfaisance de la commune.

Pour justifier une si injustifiable décision, ceux qui l'ont prise allèguent que les sociétés de secours catholiques en font autant à l'égard des familles dont les enfants fréquentent les écoles laïques. Cela n'est pas toujours vrai. Mais à supposer que cela le soit à La Ferté-Bernard, il nous semble que des républicains qui répudient, disent-ils, l'esprit intolérant du Moyen-Age se mettent en contradiction avec leurs principes de liberté et de tolérance, en imitant ceux qu'ils désapprouvent et combattent. De quel droit condamneront-ils désormais l'intolérance d'autrui? Ce ne sera plus la lutte de l'esprit libéral et de l'esprit clérical, ce sera celle de deux sectes ou de deux cléricalismes aussi contraires l'un que l'autre aux principes de la Révolution.

Ajoutons que le conseil municipal de La Ferté-Bernard est encore plus inexcusable que la société catholique d'assistance dont il s'autorise. Celle-ci, en effet, est une association privée, et, par conséquent, libre jusqu'à un certain point de son action comme de ses faveurs. Mais un bureau de bienfaisance est une institution communale et d'ordre public. Il existe, en principe, pour venir au secours de tous les membres de la commune qui se trouvent dans le besoin. Il est révoltant de mettre à prix le pauvre morceau de pain qu'il distribue. Faire entre les pauvres des distinctions autres que celles de leur misère même et de ses causes nous semble indigne d'un patriote et d'un bon citoyen. *Res sacra miser*, disait l'antiquité. Nous tenions à honneur à garder et à pratiquer tous ensemble cette religion de la souffrance et de la misère.

On trouvait naguère encore tous les Français unis devant l'infortune pour la secourir comme devant l'ennemi du dehors pour le repousser. La laissera-t-on à son tour emporter et déchirer par l'esprit de secte et de haine? Est-ce ainsi, au bout d'un siècle, que nous, hommes de la Révolution, allons entendre et pratiquer le troisième terme de la grande devise : liberté, égalité, fraternité, ce troisième terme resté si grandement en arrière des deux autres? Nous croyons que la décision du conseil municipal de La Ferté-Bernard est nulle de plein droit, parce qu'un conseil municipal n'a aucune injonction directe à donner à un bureau de bienfaisance. Mais nous ne nous arrêtons pas à cette question légale, parce que l'esprit de secte et d'intolérance, hélas! a toujours des moyens détournés pour faire son œuvre néfaste. C'est à cet esprit même que nous

nous en prenons et c'est de lui que nous voudrions voir se guérir enfin la politique républicaine.

Les conclusions du *Temps*, relativement à l'illégalité de la délibération du conseil municipal, sont, on le voit, parfaitement conformes aux nôtres.

L'*Avenir de la Sarthe* s'est trouvé fort embarrassé en présence du jugement sévère porté par plusieurs organes de la presse républicaine sur l'attitude adoptée par les prétendus libéraux de Saint-Calais, imitée par les prétendus démocrates de La Ferté.

L'*Avenir*, sans discuter ces appréciations auxquelles il n'avait aucun argument sérieux à opposer, s'est borné à dire qu'elles étaient sans portée, parce que les journaux parisiens ignoraient les considérations locales qui avaient inspiré les décisions contre lesquelles ils protestaient.

Il n'est pas de considération locale qui puisse prévaloir contre le principe sacré du respect de la liberté des pauvres.

Mais ces considérations locales, il est évident que le *Temps* les connaît. Il a au Mans, comme l'a fort bien rappelé l'*Avenir*, des correspondants qui ont dû le renseigner sur tous les éléments de cette affaire, car il réfute, point par point, quoique indirectement, les paradoxes de l'*Avenir*.

Le journal républicain de Paris établit trop nettement les droits de la charité privée et les devoirs de la charité publique pour qu'il ne soit pas superflu de reprendre après lui cette question.

Nous ne reviendrons que sur un point :

L'*Avenir*, sous prétexte de considérations locales, avait attaqué l'impartialité de l'ancienne commission de charité de Saint-Calais.

Nous avons réfuté son accusation en reproduisant une lettre de M. Charbonnier, dans laquelle l'ancien maire reconnaissait les services rendus par l'ancien comité... L'*Avenir* a jeté M. Charbonnier à l'eau fort brutalement.

Mais nous avons reproduit aussi une délibération, conçue dans le même sens, prise par le conseil municipal lui-même. L'*Avenir* a passé sous silence ce document décisif; il ne l'a jamais reproduit, et ne s'est jamais expliqué à ce sujet.

Enfin, dans les notes que nous avons publiées hier, on trouve des chiffres caractéristiques :

Sur 32 familles ayant des enfants, que l'ancienne commission de charité avait admises aux secours du bureau de bienfaisance, *20 envoyaient leurs enfants à l'école laïque, 12 seulement chez les sœurs.*

Osera-t-on, en présence de ces chiffres, crier à la partialité? Osera-t-on encore accuser l'ancienne commission d'avoir opprimé les pauvres pour combattre les écoles communales?

Ces chiffres prouvent que les considérations locales invoquées par l'*Avenir* reposaient sur des assertions *absolument inexactes*.

L'ESTAFETTE

Du 20 Novembre 1892

Le journal républicain, l'*Estafette,* organe de M. Jules Ferry, s'exprime ainsi sur l'intolérance de certains bureaux de bienfaisance :

On signale, depuis quelque temps, une série d'actes antihumanitaires de bureaux de bienfaisance ou de conseils municipaux. Les bureaux de bienfaisance de Saint-Calais, de Langeais refusent tout secours au père de famille qui envoie ses enfants aux écoles libres ; le conseil municipal de La Ferté-Bernard décide « de faire ses dons uniquement aux familles qui fréquenteront les écoles publiques et de laisser s'arranger les congréganistes comme ils l'entendront, de leur supprimer totalement le pain du bureau de bienfaisance ». On cite d'autres faits de ce genre.

Ces actes d'intolérance doivent être hautement blâmés. Nous savons bien que les administrateurs de bureaux de bienfaisance ou les conseillers municipaux qui manquent si gravement à l'humanité peuvent invoquer l'exemple trop souvent donné par les catholiques ; nous n'ignorons pas que la question scolaire a trop souvent déchaîné la passion politique.

On l'a vu en Belgique, sous le dernier cabinet libéral, quand le clergé exploitait indignement le fanatisme des populations rurales pour faire le vide dans les écoles publiques, la surexcitation des esprits devint telle que le gouvernement n'osa point blâmer les bureaux de bienfaisance qui subordonnèrent l'octroi de leurs secours à la fréquentation de l'école laïque.

Mais, heureusement pour nous, la lutte n'a jamais pris chez nous ce caractère de sauvagerie, et si certaines sociétés d'assistance catholiques ne veulent secourir que ceux qui exhibent un billet de confession, l'Etat, qui est laïque, doit son aide à tous les citoyens et n'a même point le droit de leur demander s'ils appartiennent à une communion quelconque. Aussi bien, à suivre de pareilles pratiques, on n'irait à rien moins qu'à tarir peu à peu le plus clair des ressources des bureaux de bienfaisance; les legs deviendraient rares, s'il était prouvé que l'on a le droit de condamner à mourir de faim une certaine catégorie de citoyens.

LE TEMPS

Du 22 Novembre 1892

Le Bureau de Bienfaisance de Saint-Calais

Le *Temps*, qui paraît, quoi qu'en dise l'*Avenir*, fort bien au courant des « considérations locales, » revient sur l'affaire de Saint-Calais, par un magistral article que nous reproduisons en entier :

Le conseil municipal de Saint-Calais a, comme on le sait, décidé que les ressources du bureau de bienfaisance de la commune seraient exclusivement réservées aux familles dont les enfants fréquentent les écoles laïques ; il a même fait tambouriner cette décision sur la place publique où l'on avait réuni les malheureux auxquels il s'agissait de la signifier. La minorité du conseil municipal avait essayé de faire rapporter cette mesure, et nous avons sous les yeux la séance du conseil municipal où le débat s'est engagé. En vain a-t-on fait remarquer que la demeure du pauvre, son foyer sans feu, sa table sans pain étaient de tristes champs de bataille pour les passions politiques et religieuses qui se disputent l'âme de ce pays. Ni les justes raisons, ni l'appel au bon sens et au sentiment d'humanité n'ont servi de rien.

On avait prétendu que l'ancienne administration du bureau de bienfaisance, à Saint-Calais, refusait ses secours aux familles qui envoyaient leurs enfants à l'école congréganiste; des chiffres ont mis à néant cette accusation : en 1891 (dernière année d'exercice de l'ancienne organisation), sur 86 familles secourues, 54 n'avaient pas ou n'avaient plus d'enfants, 20 envoyaient leurs enfants à l'école laïque, 12 les envoyaient chez les sœurs. La majorité intransigeante a reçu encore cette leçon de tolérance d'un des membres de la minorité : « J'occupe un grand nombre d'ouvriers dans ma tannerie. Que diriez-vous si je les obligeais à envoyer leurs enfants à l'école de mon choix? Dieu merci, je ne comprends pas la liberté comme vous, et mes ouvriers le savent bien. » Un autre, qui insistait sur le danger de représailles possibles, s'il survenait un changement de régime, n'a pu obtenir que cette réponse : « Ah ! dame. alors, tant pis, pour nous..., ce jour-là ce serait notre tour. »

Hé, non, mille fois non : ni demain, ni après-demain, quoiqu'il arrive, ce ne sera point le « tour » des politiciens d'encourir les fâcheuses conséquences des précédents qu'ils auront établis. Ce sera toujours le tour des pauvres, des petits, des misérables. Aujourd'hui, les pauvres qui préfèrent l'école congréganiste ; demain peut-être les pauvres qui préfèreraient l'école laïque ; mais, toujours, aujourd'hui et demain, des gens dignes de pitié à qui il ne faudrait pas demander de passeport pour l'aumône, si ce n'est la preuve de leur indigence. On devrait, semble-t-il, respecter surtout, dans le choix du maître d'école, la dernière lueur du libre arbitre qui éclaire l'âme des malheureux contraints par le besoin à toutes les déchéances de la mendicité.

On ose objecter que les cléricaux ne seraient pas plus libéraux que les libres-penseurs. C'est un mauvais argument. Il suffit d'y répondre que ce n'est pas pour faire plaisir aux cléricaux, mais pour ne pas mentir à nos principes que nous voulons pratiquer la liberté. L'intolérance cléricale et l'intolérance radicale sont également odieuses, parce qu'elles sont l'intolérance ; ce n'est pas l'adjectif, — c'est-à-dire le dogme dont elles s'excusent, — qui peut servir à les justifier.

D'ailleurs, les conseils municipaux de La Ferté-Bernard et de Saint-Calais n'ont pas seulement méconnu l'idéal républicain et le principe libéral que nos institutions invoquent dans leur devise. Ils ont aussi violé nos lois et règlements d'administration qui établissent que les secours des bureaux de bienfaisance doivent être distribués aux indigents «sans distinction de cultes et de catégories.» Or, à Saint-Calais et aussi à La Ferté-Bernard, on a établi des «catégories» dans la population, en distinguant entre les parents qui font élever leurs enfants à l'école laïque et ceux qui préfèrent l'école congréganiste. Nous le répétons : cela est absolument incorrect. Il appartient au préfet de prononcer en tout temps la nullité des délibérations dont il s'agit. A défaut de l'initiative préfectorale, tout contribuable de La Ferté-Bernard et de Saint-Calais peut réclamer la cassation de la mesure. Il n'y a pour le moment rien de mieux à faire.

L'AVENIR DE LA SARTHE

Du 24 Novembre 1892

Saint-Calais. — On nous écrit :

Réponse au Père Antoine (du « Nouvel Hist. »)

Mos'eu le raid acteux

Je sui eune viel conaisanse de Sain'-Calais, qui vien tou lée jeudi et pis le dimanche à la ville.

A matin japri que i, a, u jeudi eune fameuse afèr aux Conseille; cée lpèrre Antoine qui di sa dan le *Nouvel Hist*, s'est un électeux qui parl de un groue barbu qui porte dez lunet et qua la tête dur com un roché, qui causé ben ho parce quil été fachai rouge; et ben il été pas tou seulle. Car stila quavé la moustache blonde hil été ben fachai itou, car sa figure étai blanche com un Lys fleuri, épi see zieux y brillins et pi y guerlotins com dés anragai : il a gran tord de se mette en révolussion come sa, car sée geveux y pourins bin tonbère, épi aprais faudret qui laille trouvé le péruqué qui l'a déja rasai, y pourai ben core gui faire eune perruque.

L'électeux di que yavé un petit bonom avec une blouse; sept ptête ben par cequ'il a jamais atrapé de veste; y an a trébin qui voudrins poin en havoir et qui sons points contant de leux dergnière; ces putoue sa qui lez fâche que lée aute afaire.

Mes stila qua poin de barbe, il est là pour lées guéri tertou, pisque le paire Antoine di qui lé médessing; cés ptète ben li qu'on apèle *Louis XIV*, parce qui di toujoue « le mête sée mai » épi qui di toujoure dune fasson et pi qui fai de laute y rigole pus asteur quil é pus rin !

Y an a un groue et grand, qui coze ben li tout en rognant; mée mâtin il est pas ésé a atrapère parce qui la comfianse dans persone et li, y fé poin com y di car eune foix il avé bin promi de boir le vin blan avêque sias hami le landemain de la fête, fau ben crêre quil était pas contan puisquon la jamais revu : et ben lées ôtes itou non poin comfiense en li ; il lion prouvai y a pa lon tan ; ces 'dan ceuce qui fon comme i disant et qui disan come i fons que les aute il on confiance !

Vou veyez que le pêre Antoine a pas tou vu, car jpari quil a poin vu le bonom quavé une barbe blanche, ces li qui disai la véritai à la barbe blonde ; tou le monde quétté la i lon ben vu, car y guiavé trebin dés curieux qui étins ben sérai dans leux place ; yavé un groue pansu EN DÉFINITIVE qui été a coutai d'un jeunet qui tété core ya pas lontan, épi un aute quété tout écartillé à *quatte pate* et pi bin dotre quétins venus par sé qui létins bin contan et pis cétai ben drôle, dis, petit Père Antoine ? ?

Un agriculteu qui voudré ben ben savoir écrire comme la barbe blonde.

L'AVENIR DE LA SARTHE

Du 25 Novembre 1892

L'Affaire de Saint-Calais

Sur la demande d'un grand nombre de nos lecteurs, nous publions ci-dessous le compte rendu de la discussion à laquelle a donné lieu, au conseil municipal de Saint-Calais, le 17 de ce mois, la fameuse affaire du bureau de bienfaisance :

Le bordereau étant épuisé, *M. Dugué* demande la parole et émet le vœu suivant :

« Le conseil municipal émet le vœu que le bureau de bienfaisance répartisse indistinctement les secours à tous les pauvres, quelle que soit l'école fréquentée par leurs enfants ».

— Vous venez, dit-il, d'approuver un vœu identique pour la médecine cantonale. Ce qui est juste dans un cas, doit être juste dans l'autre.

Ensuite M. Dugué parle longuement de faits qui accusent le bureau de bienfaisance d'agir dans la répartition de ses secours avec la plus grande partialité. Il accuse les membres dudit bureau de forcer les parents à envoyer leurs enfants aux écoles communales, de violenter les consciences. Il fait l'apologie de l'ancienne Association de charité et se plaint amèrement de ce que pas un seul des membres de cette Association ne fasse partie actuellement du bureau de bienfaisance officiel.

M. Courcimault. — Mais, Monsieur, combien donc l'Association comptait-elle de membres du bureau de bienfaisance, alors qu'elle était en fonctions ? Pas un seul, et, de tout temps, même les adjoints, qui de droit devaient en faire partie, en ont été exclus.

M. Dugué, continuant, passe en revue les explications données par la presse :

« Quand même, dit-il, les anciennes associations auraient commis les fautes que vous leur reprochez, est-ce que ces fautes excuseraient la conduite inqualifiable du bureau de bienfaisance officiel? La loi vous oblige à distribuer des secours à tous les pauvres sans distinction de culte et sans catégories...

M. Manceau, interrompant. — Monsieur Dugué, on sait bien que vous êtes un bon garçon, mais ce qui ne nous plaît pas, c'est que dans vos écoles on apprend à maudire la République.

M. Dugué. — ... Mais vous n'avez même pas le prétexte que vous invoquez. J'en appelle au témoignage de M. Charbonnier, ancien maire et président de cette Association.

M. Charbonnier. — En effet, je puis affirmer que pendant que j'ai fait partie de l'Association de charité, je n'ai jamais été témoin d'aucun acte de partialité, du moins parmi les hommes.

M. Dugué. — Puis, d'ailleurs, citez des faits, montrez par quelles infamies les anciennes associations ont pu justifier ces représailles.

M. Leconte. - Depuis un an que le bureau de bienfaisance existe dans les conditions actuelles, il a continué de donner aux indigents, dans les mêmes proportions qu'ils recevaient par le passé, et cela sans distinctions d'école. Il en aurait toujours été de même, si l'ancien bureau de charité à qui il a été fait des dons et legs pour les indigents de Saint-Calais sans distinction, et dont les membres n'ont pas donné un centime à la quête annuelle que le bureau de bienfaisance a faite au profit des pauvres, n'avait retenu envers lui cet argent pour secourir de préférence ceux qui envoient leurs enfants aux écoles religieuses.

M. Dugué. — Citez des faits.

M. Leconte. — En voici un : Une personne des mieux en situation pour connaître le besoin des pauvres à Saint-Calais, est allée solliciter une dame en lui exposant la situation misérable où une malheureuse famille se trouvait. Alors cette dame lui a demandé où les enfants de cette famille allaient à l'école.

On a répondu que ces enfants allaient aux écoles communales.

La dame aussitôt de répondre que dans ce cas elle ne donnerait rien.

On me demande que je cite cet indigent. Je ne dirai pas son nom ici, mais je le citerai si l'on veut en particulier. Quant à la dame, c'était Mme la présidente de l'Association de charité des Dames, et j'ajoute que le jour où ces Associations distribueront leurs secours à tous les pauvres sans distinction d'école, je serai le premier à demander que le bureau de bienfaisance retire la décision qui a été prise relativement à cela.

M. Dugué. — Je ne crois pas que le fait que l'on vient de citer soit vrai ; mais le fût-il qu'il n'excuserait jamais l'attenta odieux que vous venez de commettre contre la liberté de conscience, et ne pourrait justifier cette mesure qui expose les ouvriers à mourir de faim.

M. Helle. — Pardon, monsieur, jamais je ne souffrirai qu'on m'accuse de faire mourir les ouvriers de faim ; toute ma vie je les ai soutenus, et toute ma vie je les soutiendrai. On ne pourrait pas en dire autant de vous tous, et je vais citer un exemple qui le prouve.

Il n'y a pas longtemps j'avais recommandé un malheureux père de famille ayant cinq enfants en bas âge pour le faire admettre sur votre liste de secours. Cette admission me fut refusée, principalement par les dames.

M. Dugué. — Nommez les personnes qui s'y opposèrent ?

M. Helle. — Plusieurs dames et Mme Dugué, votre mère, en étai une. Ce malheureux a été admis quand même, il est vrai ; mais ce n'a été que grâce à l'intervention de M. Aubert, alors membre de l'Association, que ce résultat a été obtenu.

Vous nous accusez de faire de la politique ? qui donc en fait plus que vous, monsieur Dugué? Vous la mettez partout.

M. Pinguet. —Si vous nous aviez donné à la quête, on aurait pu donner à un plus grand nombre d'indigents.

M. Rinjard. — Nous n'avons pas donné parce que nous n'avions pas confiance en vous.

M. Pinguet. — Je vous remercie, monsieur. Quand on n'a pas confiance en quelqu'un, c'est qu'on le considère comme malhonnête ; or, sachez que je me crois tout aussi honnête que vous.

M. Rocher. — Messieurs, avant de répondre à notre honorable collègue M. Dugué, permettez-moi de vous donner connaissance d'une petite historiette qui, dans l'espèce, peut être, je crois, utilement citée ici : il s'agit d'un fermier qui envoyait ses enfants à l'école laïque. Son propriétaire lui fit dire : « J'apprends à l'instant que, malgré la défense que nous vous avons faite à deux reprises, vous continuez à envoyer vos enfants à l'école laïque. Pour la troisième et dernière fois, je vous renouvelle la défense qui vous a été faite. Si à partir du 1er janvier prochain, vous n'avez pas retiré vos trois enfants de chez l'instituteur laïque pour les mettre chez les frères vous aurez à vous en repentir, et vous pouvez être sûr qu'avant six mois vous ne serez plus dans notre propriété, et que vous serez sommé immédiatement d'avoir à payer les

155 francs que vous devez en retard sur différents loyers. »

M. Dugué. — Qu'est-ce que votre histoire, racontée par le journal de Châteaudun, peut bien me faire?

M. Rocher. — A vous, rien peut-être ; à moi, c'est différent. Eh ! bien, Messieurs, vous le voyez, il y a dans cette communication une grande analogie avec celle qu'on nous reproche en termes si amers ; avec cette différence, toutefois, que si l'une est dite ouvertement, celle qu'emploient les dames de la Société de charité de Saint-Calais est faite avec infiniment moins de franchise.

M. Dugué nous répète à satiété : « Mais donnez-nous donc des preuves, citez-nous donc des noms que je puisse les réfuter ou m'incliner devant votre déclaration? » Eh non; cher collègue, nous ne voulons point vous citer de noms, nous ne parlerons pas de Mme X..., plutôt que de Mme Z..., car vous savez bien que s'il fallait invoquer le témoignage des malheureux auprès desquels des tentatives ont été faites, ils se refuseraient toujours à toute révélation en votre présence.

Dans ces conditions nous ne pouvons que vous répéter ce que nous avons dit : à savoir que tous ici nous avons les preuves matérielles de ce que nous avons avancé et que cela nous suffit pour justifier la conduite que nous avons tenue.

Vous nous dites encore : Mais, est-ce que le bureau de bienfaisance qui vous a précédé n'avait pas le droit de contrôler les agissements des dames de charité? Eh ! bien, là encore je vous dirai : non ; cela lui était impossible parce que chaque année, à la formation et à l'acceptation du budget, les membres du bureau de bienfaisance n'avaient qu'un rôle à remplir : celui de signer et d'approuver les comptes tels qu'ils étaient présentés par le Président du bureau. Et cela est si vrai, que depuis vingt ans que j'ai l'honneur de faire partie du conseil municipal et presque toujours, du bureau de bienfaisance, les présidents qui étaient de droit les maires qui se sont succédé depuis M. Bazin, en passant par MM. Lhermite, Pichard et Charbonnier, tous nous ont toujours tenu le langage suivant : Vous n'avez qu'à approuver purement et simplement les comptes qui vous sont présentés puisque vous êtes, par la subvention que la ville de Saint-Calais prélève sur son budget, déchargés de la distribution de ces deniers.

M. Rinjard, s'adressant alors à M. Rocher. — Alors, monsieur, vous êtes bien décidé à appliquer la résolution qui a été prise par la commission du bureau de bienfaisance ?

M. Rocher. — Oui, monsieur, et cela sans faiblesse, parce que nous voulons que les enfants qui fréquentent nos écoles laïques soient des citoyens et des citoyennes qui apprennent à aimer le gouvernement de la République.

Et si nous agissons ainsi, c'est que nous sommes certains d'avoir l'approbation de l'opinion publique de laquelle nous avons grand souci ; et lorsque je dis l'opinion publique, c'est de celle du plus grand nombre dont je veux parler, qui, si elle était consultée pour rendre son verdict dans la question qui nous occupe, la ratifierait en notre faveur, parce qu'elle sait que mes collègues et moi sommes d'honnêtes citoyens — et nous vous défions de dire le contraire — qui avons le droit de porter la tête haute, malgré toutes vos dénégations.

Quant à l'autre fraction de cette opinion publique, je m'en soucie peu. Le jugement qu'elle peut porter sur mon compte me laisse parfaitement indifférent.

M. Dugué. — Messieurs, je demande que l'on vote, sur le vœu que j'ai exprimé, et je demande que ce vote ait lieu par appel nominal.

M. Rocher. — Je m'oppose absolument au vote nominal par la raison, qu'antérieurement, il a été décidé comme principe absolu que, chaque fois qu'une question posée serait personnelle, le vote secret aurait la priorité : tel est le cas.

M. Charbonnier. — J'insiste également pour que le vote soit secret.

Le vote secret ayant la priorité, il y est procédé aussitôt.

Deux conseillers étant sortis pendant la séance, seize seulement prennent part au vote qui donne les résultats suivants :

Pour l'adoption du vœu de M. Dugué.	5
Contre..................	9
Bulletins blancs...........	2

Le vœu n'est pas adopté.

La séance continue.

L'AVENIR DE LA SARTHE

Du 30 Novembre 1892

Lettre de M. Dugué à « L'Avenir »

Saint-Calais, 27 novembre 1892.

Monsieur le rédacteur en chef du journal *l'Avenir de la Sarthe.*

Comme rectification au compte rendu que vous avez publié dans l'*Avenir*, de la séance du conseil municipal de Saint-Calais en date du 17 novembre dernier, je me borne pour aujourd'hui à relever trois points auxquels correspondent trois omissions.

1° Vous parlez d'une interpellation personnelle qui me fut adressée au cours de la discussion par un de mes collègues. Citer cette interpellation était votre droit, citer ma réponse était peut-être un devoir. La voici :

« Puisque je suis personnellement en cause, ai-je « dit au conseil, je vous mets au défi de citer de ma « part un acte de pression ou de partialité quelcon- « que, non seulement quand il s'est agi des pauvres, « mais encore quand il s'est agi des écoles. Je « regrette que vous me forciez à rappeler qu'à au- « cune époque je n'ai cessé de donner des livrets de « caisse d'épargne aux écoles laïques de garçons et « de filles.Je prouve ainsi que je comprends la liberté « autrement que vous. »

2° Vous parlez d'une autre interpellation visant ma mère. Il s'agissait d'une famille de cinq enfants dont l'admission aurait été refusée «principalement par les Dames ; Mme Dugué, votre mère en était une, m'a dit M. Desjardins. »

J'ai répondu que j'ignorais absolument de quoi il s'agissait, mais que je croyais pouvoir faire appel à l'impartialité de mon collègue, M. Desjardins, pour lui demander de reconnaître qu'il n'avait point entendu incriminer les sentiments de charité de ma mère et de reconnaître en même temps que dans le cas particulier dont il s'agissait la question d'école n'était pas en jeu. Ma mère, ai-je dit, a pu se tromper sur le degré d'indigence d'une famille pauvre (cela vous arrivera comme à elle), mais elle n'a jamais subordonné ni les secours qu'elle donne de sa bourse, ni ceux de l'Association de charité à la fréquentation de telle ou telle école. M. Desjardins a loyalement donné son assentiment... et avec la même loyauté je ne doute pas qu'il reconnaisse lors de la lecture du procès-verbal — et à la suite des explications qu'il a reçues — que sa bonne foi avait été surprise.

3° J'arrive au troisième point. Toute l'argumentation de la majorité du conseil municipal peut se résumer en quelques mots : « Les anciennes associa-« tions, dit-elle, nous ont donné l'exemple de la par-« tialité pendant plus de quinze ans ; nous en avons la « preuve, et nous vous citons à l'appui les témoigna-« ges de pauvres auxquels les anciennes associations « ont refusé des secours ; aujourd'hui, c'est notre « tour d'user des mêmes procédés. »

A cela j'ai opposé (et vous avez omis d'en parler), des documents précis :

— D'abord, le témoignage écrit et verbal de M. Charbonnier ;.....(mais vous nous avez dit un jour que vous en faisiez bon marché) !

— J'ai cité ensuite une délibération du conseil municipal en date du 17 décembre dernier, dans laquelle on lit que « depuis plus de soixante ans les anciennes « associations, organes de distribution du bureau de « bienfaisance ont, à force de dévouement, de cha-« rité, au moyen de quêtes et de subventions muni-« cipales, secouru largement les pauvres de Saint-« Calais, et ce, sans charger le budget communal. » Cette délibération se termine ainsi : « on pourra faire aussi bien qu'elles, mieux ce serait difficile. »

— Enfin, j'ai cité les chiffres suivants que personne n'a contestés.

Sur 32 familles secourues ayant des enfants aux écoles en 1891 (dernière année de fonctionnement de l'ancienne organisation) 20 envoyaient leurs enfants à l'école laïque, 12 seulement chez les sœurs.

La délibération du conseil municipal du 17 décembre 1891 a été publiée dans *La Sarthe* il y a un mois ;

les chiffres que je viens de citer ont été produits pour la première fois à la séance du conseil municipal du 17 novembre dernier.

Vous n'avez soufflé mot, ni de la délibération dont il s'agit, ni des chiffres décisifs que je viens de vous rappeler..., et vous avez continué à affirmer que les anciennes associations « réservaient *toutes* leurs res-« sources aux indigents qui fréquentaient les écoles « congréganistes. »

Vos lecteurs jugeront de votre impartialité.

Je vous prie, — comme c'est mon droit, — de bien vouloir insérer, le plus promptement possible, cette lettre dans l'*Avenir*.

Veuillez agréer, monsieur le Rédacteur en chef, l'assurance de ma considération distinguée.

A. DUGUÉ.

P.-S. — *L'*Anille, *journal de la localité, publie le compte rendu qui a paru dans l'*Avenir, *et lui donne un* **caractère officiel.**

Je viens d'écrire à M. le maire de Saint-Calais la lettre suivante :

Monsieur le maire,

Le journal l'*Anille* du 25 novembre publie un compte rendu de notre séance du 17 novembre, *incomplet, inexact, et empreint d'une partialité qui dénature le sens de la discussion.*

S'il s'agissait d'un simple compte rendu publié sous la responsabilité du journal, je n'y attacherais qu'une importance relative; mais ce compte rendu porte l'en-tête suivant :

« Conseil municipal. Extrait du registre des procès-verbaux. »

Or, ce procès-verbal n'a été ni lu devant le conseil,

ni à plus forte raison adopté par lui. *Il n'accorde qu'une place dérisoire aux arguments de la minorité.*

Je fais appel à votre loyauté, monsieur le maire, pour couper court à toute équivoque, et viens vous demander de réunir les membres du conseil municipal, jeudi prochain, afin que ce procès-verbal soit soumis à leur approbation.

Veuillez agréer, etc.

Je vous prie, monsieur le Rédacteur en chef, de faire paraître ce *post-scriptum* à la suite de ma lettre dont il est le complément.

A. D.

On lit dans **L'ANILLE** du 25 novembre 1892 :

Conseil municipal

Séance du 17 novembre 1892

EXTRAIT
du registre des procès-verbaux
relatif aux secours accordés
par le Bureau de bienfaisance

(Suit le texte du compte rendu publié par *l'Avenir* dans son numéro du 25 novembre).

. . . .
. . . .
. . . .
. . . .
. . . .

A la date du 28 novembre 1892, par exploit de Me Petiot, huissier, dûment enregistré, il a été constaté que *LE REGISTRE DES PROCÈS-VERBAUX* **du Conseil municipal,** *NE CONTENAIT PAS TRACE DE LA DÉLIBÉRATION PRÉCITÉE.*

LE JOURNAL DES DÉBATS

Et LA JUSTICE

Du 28 Novembre 1892

En ouvrant hier la *Justice*, nous avons éprouvé une agréable surprise. Elle nous a été causée par un article où notre confrère condamne très nettement, par voie d'hypothèse, les actes d'intolérance commis récemment par certains bureaux de bienfaisance et certains conseils municipaux. « S'il est exact, dit la « *Justice*, que des pauvres aient été rayés des listes « de divers bureaux de bienfaisance parce que leurs « enfants ne fréquentaient pas les écoles laïques, « nous désavouons ce procédé comme absolument « inadmissible. Si les lettres signalées comme éma- « nant de maires républicains ont réellement été « écrites, nous les condamnons aussi bien dans le « fond que dans la forme et nous déclarons ne pou- « voir les accepter. » Ainsi s'exprime notre confrère. Il ajoute que les partisans de l'enseignement congréganiste se rendent coupables, eux aussi, d'odieux actes d'intolérance, et il cite, comme exemple, certaine lettre écrite par un propriétaire de l'Ardèche à un de ses fermiers, pour le menacer d'expulsion, s'il ne retire pas ses enfants de l'école laïque. Tout en faisant remarquer très justement que le cas n'est pas le même que celui d'un bureau de bienfaisance, dépositaire de fonds destinés à tous les pauvres de la commune, la *Justice* déclare qu'elle trouve détestable la pression exercée par l'auteur de cette lettre, et, sur ce point encore, nous sommes entièrement de son avis. Si l'affaire est, comme on l'annonce, portée à la tribune d'une des deux Chambres, et si l'extrême gauche elle-même se joint à la droite et au centre pour inviter le gouvernement à rappeler à leurs devoirs les Conseils municipaux et les bureaux de bienfaisance qui divisent les indigents en deux catégories, le spectacle de cette unanimité sera intéressant à contempler. Nous y croirons quand nous le verrons.

LA SARTHE

Du 2 Décembre 1892

Le Bureau de Bienfaisance et le Conseil Municipal de Saint-Calais

Un exploit d'huissier

L'affaire du bureau de bienfaisance de Saint-Calais a un épilogue imprévu.

En présence du tolle général qui s'est élevé dans la presse de tous les partis, les défenseurs de la lettre de M. Leconte et de la mesure prise par le bureau de bienfaisance de Saint-Calais ont eu recours à un dernier moyen de polémique que nous nous abstiendrons de qualifier.

Pour donner le change à l'opinion publique, ils n'ont pas reculé devant la publication d'un *procès-verbal fantaisiste* dans lequel il est rendu compte de la séance du conseil municipal du 17 novembre 1892 d'une façon inexacte, incomplète et tellement partiale que le sens de la discussion se trouve complètement altéré.

Ce prétendu procès-verbal a été publié par le

journal l'*Anille* dans son numéro du 25 novembre 1892 avec l'en-tête suivant :

CONSEIL MUNICIPAL

Séance du 17 novembre 1892

Extrait du registre des procès-verbaux relatif aux secours accordés par le bureau de bienfaisance.

Or, à la date du 25 novembre, il n'existait aucune trace de ce procès-verbal sur le livre des délibérations du conseil municipal de Saint-Calais. Le fait est constaté dans le curieux document que voici :

L'an mil huit cent quatre-vingt-douze, le vingt-huit novembre.

A la requête de M. Albert Dugué, conseiller municipal, demeurant à Saint-Calais,

Je, Albert-François Petiot, huissier-audiencier près le tribunal civil de Saint-Calais y demeurant, soussigné,

Me suis transporté, assisté et exprès requis de M. Dugué, à la mairie de la ville de Saint-Calais, à l'effet de demander, en exécution de l'art. 38 de la loi du 5 avril 1884, communication, sans déplacement, du registre des délibérations du conseil municipal de cette commune.

Déférant à cette réquisition, monsieur le maire a remis à M. Dugué, en ma présence, le registre dont s'agit et j'ai constaté que la délibération, publiée par extrait dans le journal l'*Anille* du 25 courant numéro 48, est purement fantaisiste et que l'imprimeur Cuignier a commis un faux en publiant, par extrait, un compte rendu soi-disant officiel, alors que la discussion se rattachant à l'incident du bureau de bienfaisance n'est pas encore rapportée sur ledit registre.

Et, de ce qui précède, j'ai rédigé le présent procès-verbal de constat pour servir et valoir ce que de droit.

Dont acte,

Coût : dix francs quarante-cinq.

Signé : A. PETIOT.

De tels procédés se passent de commentaires.

Pour faire cesser l'équivoque que pouvait entretenir dans l'opinion la publication de ce prétendu procès-verbal, M. Dugué, dans une lettre que nous avons publiée mardi, avait demandé à M. Courcimault, maire de Saint-Calais, de bien vouloir réunir d'urgence le conseil municipal; on aurait alors pu procéder à l'adoption du procès-verbal officiel de la séance du 17 novembre.

M. Dugué proposait le jeudi 1er décembre ; M. le le maire s'appuyant sur la nécessité de rester dans les délais légaux de convocation, fixa, d'accord avec M. Dugué, la date du samedi 3 décembre. Se ravisant, et malgré les démarches les plus pressantes, il *vient de reculer l'époque de cette réunion au jeudi 8 décembre.*

On s'étonnera que M. le maire de Saint-Calais soit aussi peu soucieux et aussi peu pressé de se dégager de la solidarité apparente qu'il assume.

Nous apprenons que, comme conséquence de ce mauvais vouloir, sommation a été faite, aujourd'hui même, au journal l'*Anille* d'avoir à publier, en tête de son numéro du vendredi 2 décembre, le texte du procès-verbal de constat que nous avons reproduit plus haut.

La minorité est obligée de se faire justice elle-même, puisqu'elle ne trouve pas d'appui chez ceux dont le premier devoir est d'assurer à tous, sans distinction, protection et impartialité.

TABLE DES MATIÈRES

Le Mans. — Imp. Ch. Blanchet, 6, rue Gambetta. — 352

www.ingramcontent.com/pod-product-compliance
Ingram Content Group UK Ltd.
Pitfield, Milton Keynes, MK11 3LW, UK
UKHW012053240726
13965UKWH00003B/1251

TABÈS ET TRAUMATISME

ÉTUDE PATHOGÉNIQUE ET MÉDICO-LÉGALE

Dr André-Joseph MAYAUD

DE LA FACULTÉ DE MÉDECINE DE PARIS

Tabès et Traumatisme

Étude pathogénique et médico-légale

PARIS

J.-B. BAILLIÈRE ET FILS

19, rue Hautefeuille, 19

1912

A la mémoire de mon père

Le Docteur A.-M. MAYAUD

A MA MÈRE ET A MON FRÈRE

MEIS ET AMICIS

A mon président de Thèse

M. Le Professeur THOINOT

Membre de l'Académie de Médecine

Médecin de l'Hôpital Laënnec

A mes maîtres dans les hôpitaux

MM. Le Professeur Pierre DELBET

Le Professeur Albert ROBIN

Le Professeur PINARD

Le Professeur agrégé MARION

Le Docteur A. COYON

Le Docteur TRIBOULET

Le Docteur Paul RIBIERRE

MM. Les Docteurs Justin LEMAITRE

et F. CHENIEUX *(in memoriam)*, Louis BLEYNIE,

DONNÉ, DESCAZALS, VOUZELLES, BOURGUIGNON

A mon ami le Dr DUVOIR

INTRODUCTION

—

L'intérêt que présente la définition des relations qui unissent le tabès et le traumatisme est double : ne s'agit-il pas tout à la fois d'une question théorique et pratique qui s'adresse autant au médecin qui cherche à approfondir la genèse de la maladie qu'à l'expert chargé d'apprécier le rôle de l'accident ? De ces deux faces de la question la première fut seule pendant longtemps l'objet de la curiosité des cliniciens, puis avec la promulgation des lois qui indemnisent les accidents du travail, et en particulier de la loi française du 9 avril 1898, la question médico-légale passa au premier plan. Et cependant si l'on consulte sur l'un ou l'autre de ces points la littérature médicale, on éprouve de l'étonnement et de l'embarras en présence des opinions contradictoires que l'on y rencontre. Dans ces dernières années, à l'étranger et particulièrement en Allemagne, quelques auteurs ont tenté, sous le contrôle des données scientifiques modernes, la synthèse des faits acquis. A l'exception des belles leçons du professeur Thoinot, rien d'analogue n'existe en France. C'est ce travail de révision à la fois pathogénique et médico-légal que nous avons tenté de réaliser.

La première partie traite des relations qui sont susceptibles d'unir le tabès et le traumatisme soit chez des sujets indemnes de toute tare antérieure : c'est la question qui fut si controversée du tabès traumatique pur ; soit chez des syphilitiques anciens : c'est la question toujours actuelle du rôle du traumatisme sur un terrain prédisposé ou déjà lésé.

Dans une seconde partie nous avons cherché à adapter les notions ainsi acquises à la loi sur les accidents du travail. Le tabès traumatique pose au premier chef la question de l'état antérieur ; notre objectif fut de concilier cette conception juridique avec la science médicale et de faciliter à l'expert le service que le juge attend de lui.

Nous avons la rare fortune de pouvoir illustrer cette partie médico-légale de deux rapports d'expertises d'accidents du travail signés des maîtres les plus autorisés : MM. les professeurs de Lapersonne, Thoinot, Gilbert Ballet, MM. les professeurs agrégés Dupré, Balthazard et Sicard. Ils constituent pour les médecins légistes l'enseignement le plus précieux.

M. le professeur Thoinot, qui nous a fait le grand honneur d'accepter la présidence de cette thèse, et M. le professeur agrégé Balthazard ont bien voulu s'intéresser à notre travail en nous communiquant ces deux rapports. Nous leur adressons ici l'expression de notre plus respectueuse reconnaissance.

Au cours de nos études médicales, M. le docteur Paul Ribierre fut pour nous un maître et un guide de tous les instants. Dans sa consultation de l'hôpital Cochin, il eut l'incessant souci d'adapter à la clinique journalière les acquisitions scientifiques les plus modernes afin de nous permettre d'affronter avec moins de craintes les difficultés de la pratique médicale. Nous le prions d'agréer l'expression de notre profonde gratitude.

Il nous reste à remercier notre ami, le docteur Duvoir, qui, après nous avoir inspiré le sujet de notre thèse inaugurale, nous a permis de puiser largement dans le manuscrit du mémoire qu'il venait de terminer sur le tabès traumatique et de faire nôtres les idées qu'il y exposait.

TABÈS ET TRAUMATISME

ÉTUDE PATHOGÉNIQUE ET MÉDICO-LÉGALE

CHAPITRE PREMIER

Historique

En 1844, Steinthal rapporte, d'après W. Horn, une observation de tabès survenu à la suite d'une chute de cheval. Topinard, en relatant ce fait, en 1864, avec d'autres du même genre, se demandait le premier s'il n'y avait pas lieu d'admettre une ataxie traumatique à laquelle il ne reconnaissait d'ailleurs ni caractères particuliers, ni évolution spéciale. Cette opinion était également celle d'Althaus, pour qui le traumatisme, et particulièrement les chutes de cheval sont une cause fréquente d'ataxie. En 1866, Erichsen, dans sa classification en une entité pathologique, le « spinal concussion », des affections nerveuses liées aux accidents de chemins de fer, passe sous silence le tabès, mais certains exemples qu'il en donne s'en rapprochent suffisamment pour qu'on n'ait pas hésité à les rattacher à cette affection.

En 1867, Schultze, cité par Erb, réunit dans sa thèse inaugurale des observations où les symptômes du tabès se sont développés à la suite d'un traumatisme tel que fracture de cuisse, chute sur le ventre, commotion de la moelle. Mais c'est le mémoire de H. Petit, en 1878, qui constitue le premier travail réellement documenté qui ait paru sur la question. Dans cette monographie intitulée : *De l'ataxie locomotrice dans ses rapports avec le traumatisme*, il rassemble les faits épars dans la littérature médicale, alors même que leurs auteurs ne les avaient pas envisagés au point de vue qui l'intéressait, y ajoute des observations personnelles et cherche à éclairer l'action du traumatisme sur l'ataxie et celle de l'ataxie sur le traumatisme. La question des rapports du traumatisme et du tabès était posée. Nombreux furent les auteurs qui, à la suite de Petit, tentèrent de la résoudre. En 1879, Ferry, dans sa thèse, reproduit les faits et les conclusions du mémoire de Petit. La même année, Vulpian, dans ses *Leçons sur le système nerveux*, signale le traumatisme de la moelle comme une cause de tabès et mentionne une observation de Lockhart-Clarke où les accidents tabétiques semblaient la conséquence manifeste d'une contusion dorso-lombaire, tandis que Raymond apporte une nouvelle observation où le tabès paraissait conditionné par un traumatisme périphérique. Ainsi, dès cette époque, se trouvent posées en germe toutes les questions qui vont être discutées plus tard : l'influence sur la genèse du tabès d'un traumatisme de la moelle et celle d'un traumatisme à distance, c'est-à-dire périphérique. Ultérieurement, en 1885, dans l'article « Tabès dorsalis » du *Dictionnaire encyclopédique*, Raymond, sans se prononcer d'ailleurs catégoriquement, range le traumatisme parmi les causes qui demandent à être prises en sérieuse considération.

En 1886, Straus apporte de nouvelles observations. En 1887, Spillmann et Parisot insistent sur l'importance étiologique du traumatisme périphérique et, s'appuyant sur des faits personnels et sur les observations antérieures, concluent qu'un traumatisme périphérique même léger peut être, à une époque éloignée, l'origine du tabès, mais que, pour que le trauma puisse produire l'ataxie, il doit nécessairement exister une prédisposition nerveuse personnelle ou héréditaire.

Cette question du tabès périphérique ainsi soulevée de nouveau devait retenir l'attention plus que celle du tabès d'origine centrale. La question ne tarda pas en effet à être reprise par Klemperer, qui, en 1890, affirmait sa conviction en l'existence du tabès traumatique périphérique. Il avait réuni 34 cas de tabès consécutifs à un trauma-périphérique dont une des caractéristiques était la localisation des symptômes initiaux dans la région blessée.

Et cependant, deux ans après, en 1892, Pierre Marie, dans ses *Leçons sur les maladies de la moelle*, mettait ses auditeurs en garde contre l'erreur qui consiste à considérer comme cause de l'affection médullaire des facteurs qui n'en sont que la conséquence et, dès cette époque, il émettait l'opinion que « la vraie, la seule cause du tabès, c'est la syphilis ». Une importante contribution à l'étude du tabès traumatique fut apportée en 1894 par le mémoire de Hitzig. D'une enquête pour laquelle il avait rassemblé des observations en quantité considérable, cet auteur ne retient que 59 cas, où il pouvait être question de traumatisme. De ceux-ci, la plupart doivent être éliminés soit que le diagnostic de tabès en soit contestable, soit que les premiers symptômes de la maladie aient précédé l'accident, soit que des causes telles que le froid, la syphilis, les excès sexuels coexistent dans les antécédents en même temps que le traumatisme. Et encore, parmi ceux-ci, en est-il quelques-uns où l'étiologie traumatique reste douteuse, tantôt parce que les premiers symptômes avaient fait leur apparition longtemps après la blessure, tantôt parce que la localisation des signes tabétiques n'y correspondait pas à la partie blessée. Aussi, contrairement à l'opinion de Klemperer, Hitzig admet-il que le traumatisme peut tout au plus provoquer une éclosion plus ou moins hâtive des phénomènes douloureux ou ataxiques et que le tabès traumatique au sens propre du mot n'existe pas.

A l'opinion de Hitzig se rallient de nombreux auteurs : c'est d'abord Bernhardt, en 1895, qui considère que le tabès traumatique n'est pas prouvé ; puis E. Mendel en 1897. Entre autres motifs, cet auteur base son opinion sur l'expertise qu'il eut à pratiquer de 9 cas de tabès pour lesquels le traumatisme était invoqué comme facteur étiologique. Il les rejette tous : sept d'entre eux, car le tabès y avait simplement précédé le traumatisme, le huitième parce qu'il concernait un sujet qui avait eu la syphilis six ans avant l'éclosion des premiers symptômes tabétiques, le dernier, enfin, car il s'agissait d'un tonnelier alcoolique qui travaillait depuis longtemps dans une cave humide.

En 1898, Trömmer développait devant la Société de Psychiatrie et de Neurologie de Berlin l'opinion qu'un traumatisme périphérique ne pouvait scientifiquement être considéré comme facteur étiologique du tabès que : 1° s'il n'existe aucun autre facteur étiologique ; 2° si les premières manifestations du tabès ne sont pas séparées de la blessure par un intervalle exempt de tout phénomène morbide; 3° si le siège de la blessure coïncide avec les manifestations tabétiques; 4° si, enfin, le traumatisme présente un caractère de gravité suffisant pour légitimer le rôle qu'on lui attribue. La même année, Thiem, dans son *Manuel des maladies traumatiques*, nie l'existence scientifique du tabès traumatique pur. Et pourtant, quelques mois après, von Leyden devait, au Congrès de médecine de 1899, se montrer un des plus chauds défenseurs du tabès traumatique. Cette genèse de la maladie se trouve, à son avis, suffisamment légitimée par les nombreuses observations qui relatent l'apparition ou l'aggravation d'un tabès après un accident. Depuis cette époque, von Leyden affirma à diverses reprises que sa conviction se maintenait entière.

Sachs et Freund, au contraire, n'hésitaient pas à critiquer vigoureusement la doctrine du tabès traumatique, qu'il soit imputé à un traumatisme médullaire ou à une blessure périphérique. Après avoir reproché à Klemperer d'accepter comme valables des cas où l'intervalle séparant le traumatisme des premiers symptômes tabétiques avait été de plusieurs années, ils remarquaient la rareté des cas de tabès en comparaison du nombre élevé des accidents quotidiens et pour des raisons diverses rejetaient tous les cas de tabès traumatique jusque-là rapportés dans la littérature médicale.

En 1900, Maurice Séaux (de Liège) fit paraître un mémoire intitulé : *Tabès et traumatisme*, contenant une des observations les plus complètes de tabès consécutif à une commotion cérébrale.

Les cliniciens français, après avoir les premiers posé la question de l'origine traumatique de certains cas de tabès, s'étaient à peu près désintéressé de la question lorsque, vers la même époque, parurent la thèse de Donet qui reflète l'opinion du professeur Parisot et celle de Gauraud faite sous le contrôle du professeur Pitres. L'un et l'autre admettent l'existence du tabès traumatique pur. Le professeur Thoinot réagissait contre cette opinion dans ses leçons sur *les Affections médicales d'origine traumatique*, où il tentait de concilier les données médicales avec la loi du 9 avril 1898. Les conclusions auxquelles il arrivait sont les suivantes :

1° Le traumatisme, dans ses modes variés, aggrave un tabès en cours d'évolution soit précoce, soit avancée. Il peut démasquer le tabès et a une influence certaine sur la production de quelques symptômes tabétiques;

2° Il n'est pas démontré que le traumatisme puisse vraiment créer le tabès de toutes pièces, en d'autres termes, qu'il existe réellement un tabès traumatique.

Schittenhelm (1903) ne consent à attribuer à l'accident qu'un rôle tout au plus adjuvant. Hamilton, de New-York (1903), rapporte des observations d'affections traumatiques qui simulaient le tabès. Nonne (1906), au contraire, soumet à la critique des neurologistes trois observations personnelles qui lui paraissent favorables à la genèse traumatique du tabès.

En 1907, Kurt Mendel, au cours d'une série d'études sur *l'Accident dans l'étiologie des maladies du système nerveux*, publie sur la question du tabès traumatique un article très documenté. Il arrive à cette conclusion qu'un accident, quelle qu'en soit la nature, ne peut, dans aucun cas, causer le tabès si le sujet est indemne de toute tare syphilitique, mais qu'il peut commander l'apparition des premiers symptômes chez un sujet prédisposé au tabès par une syphilis antérieure. Il peut aussi aggraver un tabès déjà constitué, accélérer l'évolution de la maladie. Tout récemment enfin, Ladame (de Genève), fit à la Société suisse de neurologie une remarquable communication sur le tabès traumatique. Sur bien des points, elle nous a servi de guide et nombreuses sont les idées que nous lui avons empruntées.

L'on peut, en résumé, classer, après Kurt Mendel, les auteurs qui ont émis leur opinion sur la question du tabès traumatique en 3 catégories :

1° Ceux, en nombre très faible, qui admettent que le trauma peut être la cause exclusive du tabès ; parmi eux il faut citer en première ligne Klemperer et von Leyden, et bien qu'ils apportent à leur opinion quelques restrictions, Spillmann et Parisot, Gauraud, Donnet, Kende, Nonne ;

2° Ceux qui se rallient à l'opinion que le tabès purement traumatique n'existe pas. Parmi eux, rappelons les noms de Sachs et Freund, Morton-Prince, Oppenheim, Schmaus, Stern, Schittenhelm, Thiem, Kurt Mendel et, en France, les professeurs Marie et Thoinot ;

3° Ceux enfin, et ce sont les plus nombreux, qui réservent leur opinion, considérant que le tabès traumatique, s'il est possible, n'est cependant pas démontré. Ces auteurs se groupent autour de Hitzig. Citons seulement Erb, E. Mendel, Windscheid.

Mais il est à remarquer que, parmi ces auteurs, il en est bien peu qui se soient occupés de l'étude du tabès traumatique des syphilitiques. Et cependant, comme nous espérons le prouver, l'intérêt de cette question, en raison de ses applications médico-légales, ne le cède en rien à celui si puissant du tabès traumatique pur.

CHAPITRE II

Le tabès traumatique pur.

Peut-être pourra-t-il paraître superflu de discuter sur l'existence d'un tabès traumatique pur à une époque où la majorité des auteurs estiment que le tabès est d'origine syphilitique et où les statistiques comme les recherches de laboratoire apportent chaque jour à cette théorie une confirmation nouvelle. Cette discussion nous apparaît cependant comme indispensable, car si l'avis ordinaire est que le tabès relève toujours de la syphilis, cependant cette opinion non seulement est loin d'être exprimée en des termes aussi formels dans tous les ouvrages classiques même les plus récents, mais encore elle trouve quelques contradicteurs, en particulier parmi les médecins légistes, qui se sont occupés plus spécialement du tabès traumatique.

Ne lit-on pas dans le Précis de pathologie interne de Collet (1910) : « Aujourd'hui, on accorde à la syphilis une place propondérante... Certains auteurs regardent le rôle de la syphilis comme tout à fait accessoire et inconstant et quelques-uns le nient complètement. »

Lamy, dans son Traité de médecine (1909), écrit : « Fournier, dès 1876, accusait la syphilis d'être la cause efficiente du tabès, et bientôt Erb défendait la même idée. Combattue à l'origine par Westphall et par Charcot, l'opinion de Fournier n'a cessé d'année en année de rallier de nouveaux partisans, et actuellement les dissidents sont rares. Fournier ne prétend pas d'ailleurs que la syphilis soit la seule et unique cause du tabès. Il est possible qu'il faille faire une place, très restreinte d'ailleurs, à d'autres intoxications ou toxi-infections dont le rôle est encore mal apprécié. »

Dans son Manuel, Dieulafoy (1911) enseigne : « Les causes de l'ataxie locomotrice sont assez obscures. Suivant certains auteurs (Fournier, Vulpian, Erb, Marie), la syphilis doit être presque toujours incriminée : on sait avec quel talent Fournier a soutenu cette opinion, qui est aujourd'hui adoptée, mais il s'agit de savoir si la syphilis peut de toutes pièces produire l'ataxie locomotrice ou si elle n'agit qu'à titre d'agent provocateur. Le traumatisme joue un rôle important dans le développement du tabès et les premiers symptômes ont plusieurs fois apparu après une chute ou une violente contusion. »

Déjerine, dans le Traité de médecine de Gilbert et Thoinot (1909), est, il est vrai, affirmatif sur le rôle de la syphilis : « L'étiologie du tabès, jadis obscure et complexe, est aujourd'hui simplifiée : aux agents multiples incriminés tels que l'alcoolisme, l'arthritisme, l'hérédité, le traumatisme, le froid, l'humidité, la fatigue, les excès sexuels, le coït debout, la masturbation, s'est substituée peu à peu une cause unique, la syphilis. »

Et plus loin : « En dehors de la syphilis avec ou sans hérédité nerveuse associée, il n'existe pas de cause qui paraisse jouer un rôle aussi considérable dans l'étiologie du tabès. L'influence du refroidissement ou de l'humidité est acceptée par Erb pour un très petit nombre de cas ; les excès sexuels auxquels Hermanides accorde une part assez grande n'ont jamais engendré le tabès. Le traumatisme a réuni davantage de partisans ; ce dernier représente plutôt une circonstance aggravante ou déterminante des accidents tabétiques que la cause directe de la maladie. »

La discussion d'ailleurs n'est pas close. R. Mendel et E. Tobias n'ont-ils pas cru nécessaire, tout récemment encore, de discuter, pour le rejeter d'ailleurs, sur l'existence d'un tabès non syphilitique des vierges? Dans sa thèse « Radiculites et Tabès » (1910), Tinel n'émet-il pas l'hypothèse que, dans leurs formes atténuées, certaines méningites aiguës non spécifiques sont peut-être susceptibles de constituer des syndromes voisins du tabès ?

Poncet enfin ne vient-il pas, il y a seulement quelques semaines, de rappeler sa croyance dans l'existence d'un tabès tuberculeux?

Par ailleurs, tous les auteurs qui se sont occupés de la question du tabès traumatique, aussi bien dans les articles anciens que dans les plus récents, sont, comme nous l'avons vu, presque exclusivement préoccupés par la question du tabès traumatique pur. Citons seulement les derniers : Kurt Mendel (1907) et Ladame (1910).

Dans les thèses qui, à l'exception des leçons du professeur Thoinot sur « les Affections médicales d'origine traumatique » (1904), constituent, en France, les derniers travaux d'ensemble sur le tabès traumatique, les conclusions sont formelles : « L'état actuel de la physiologie et de l'anatomie pathologiques du tabès permet de lui attribuer dans certains cas une origine exogène » (Donet, 1901) et « il existe des cas de tabès dans lesquels, malgré les plus minutieuses recherches, on ne peut trouver d'autre facteur étiologique que le traumatisme. Il existe donc cliniquement un tabès traumatique au sens propre du mot » (Gauraud, 1902).

Ces citations, que nous pourrions multiplier, établissent que, pour quelques rares auteurs, un doute subsiste sur l'origine toujours syphilitique du tabès et ce doute pathogénique, bien qu'il ne s'adresse pas en général à l'origine traumatique de la maladie, constitue une base injustifiée à des controverses médico-légales.

Ces motifs légitiment, à notre avis, la discussion que nous allons entreprendre du tabès traumatique pur. Notre intention n'est pas de nous égarer sur le terrain de l'étiologie générale du tabès, mais simplement de rechercher s'il existe des raisons permettant d'affirmer scientifiquement que le traumatisme peut engendrer le tabès, à l'exclusion de tout autre facteur étiologique, c'est-à-dire en première ligne de la syphilis.

Trois ordres d'arguments peuvent être invoqués dans la discussion du tabès traumatique. Les uns reposent sur l'anatomie pathologique, les autres ne quittent pas le domaine de la clinique, les derniers s'adressent à l'expérimentation.

Bien que la notion du tabès traumatique ait été en grande partie édifiée sur des observations cliniques, il est préférable d'engager la discussion sur les arguments tirés de l'anatomie et de la physiologie pathologiques en raison de la certitude plus grande qui caractérise ces sciences. Or, l'anatomie et la physiologie pathologiques se sont en général montrées peu favorables à l'hypothèse d'un tabès purement traumatique. Seule, la théorie névritique, qui considère que les lésions tabétiques radiculaires et médullaires relèvent d'une altération des nerfs périphériques, expliquerait assez logiquement le développement du tabès par l'évolution d'une névrite ascendante traumatique. Les arguments que l'on a fait valoir en faveur de cette pathogénie résident, en dehors des observations cliniques sur lesquelles nous reviendrons, sur les altérations anatomiques de la moelle secondaires aux traumatismes des nerfs et aux amputations. Or, les altérations médullaires consécutives aux amputations ne sont absolument pas comparables à celles du tabès. Les faits de syringomyélie, d'ailleurs fort rares, qu'on a attribués à une névrite ascendante même en entendant par là non des altérations cellulaires ou des altérations du cylindraxe, mais seulement, suivant la théorie de Guillain, le rôle des nerfs comme vecteurs des microbes ou des poisons inoculés, ainsi que cela est établi pour la rage et le tétanos, prêtent encore à discussion. Enfin, surtout les recherches de Wollenberg et de Koster ont montré l'existence de dégénérescences tabétiques complètes des racines postérieures avec intégrité des nerfs périphériques. Aussi la théorie périphérique du tabès, défendue surtout par von Leyden et Goldscheider, est-elle de plus en plus abandonnée et ne compte-t-elle plus guère de partisans.

Depuis les travaux de Redlich et Obersteiner, qui admirent que les racines postérieures sont atteintes primitivement à leur pénétration dans la moelle, les recherches de Nageotte, qui démontrèrent chez les tabétiques l'existence, au niveau des racines, d'un processus de « névrite transverse », on est généralement d'accord pour admettre que la lésion primitive du tabès siège dans les racines postérieures et que les lésions médullaires lui sont subordonnées. Diverses hypothèses ont tenté de rattacher cette lésion à une origine traumatique. L'action directe d'un traumatisme était difficile à invoquer. En effet, comme le faisait remarquer Hitzig, s'il s'agissait d'un traumatisme rachidien localisé, on comprenait mal, en admettant même qu'il frappât précisément et exclusivement les racines rachidiennes, qu'il pût les léser sur toute la hauteur de la moelle et déterminât, en outre, comme il est fréquent de l'observer dans le tabès, des lésions des nerfs crâniens et en particulier du nerf optique ; si, au contraire, il s'agissait d'un traumatisme cérébro-spinal généralisé, comment admettre qu'il pût localiser son action sur les seules racines postérieures, ou, si l'on admettait, pour un motif resté mystérieux, cette localisation exclusive, comment expliquer que les cas de tabès fussent aussi exceptionnels à la suite des commotions cérébro-spinales?

Par ailleurs, le mode d'action du traumatisme donnait lieu à des explications aussi diverses que peu satisfaisantes. C'est ainsi qu'on s'était primitivement rallié à l'hypothèse d' « un simple ébranlement moléculaire non démontrable histologiquement, mais qui pouvait néanmoins agir d'une façon nocive sur les nerfs et déjà provoquer des troubles fonctionnels ». Ultérieurement, von Leyden devait tirer des recherches de Minor (de Moscou) et de Schmaus sur les commotions nerveuses une explication histologique du tabès traumatique. Dans les commotions médullaires, Minor, ayant mis en évidence de petites hémorragies, en conclut que ce que l'on appelait autrefois commotion moléculaire était accompagné de véritables altérations organiques, c'est-à-dire de petites déchirures. Pour Schmaus, les commotions médullaires peuvent donner lieu non seulement à l'hémorragie et à la déchirure de quelques fibres et cellules, mais peuvent aussi provoquer de plus fines altérations qui ne se traduisent que dans la suite sous forme d'états morbides « post-traumatiques ». A son avis, « une violente commotion pourrait aboutir à la nécrose traumatique du cylindre, soit par décomposition moléculaire, soit par changement des atomes des molécules, soit parce qu'à une certaine intensité d'excitation de l'excitabilité nerveuse mécanique les fibres nerveuses ne sont pas seulement paralysées, mais encore meurtries par surexcitation. » (?)

Aucune de ces théories ne rendant compte de la systématisation des lésions, Hitzig émit l'hypothèse d'une action indirecte du traumatisme qui s'appliquait aussi bien au traumatisme périphérique qu'aux commotions centrales. Pour cet auteur, un traumatisme, comme d'ailleurs un refroidissement, pourrait, dans certaines conditions, provoquer le développement d'une toxine possédant vis-à-vis du système nerveux une action voisine de celle de la toxine syphilitique et présentant la même affinité pour les territoires nerveux que lèse ordinairement le tabès. Cette hypothèse ne tarda pas à être vivement critiquée. Mœbius est porté à croire qu'en imaginant cette théorie Hitzig a voulu faire de l'ironie ; moins sévère, Kurt Mendel lui objecte seulement qu'en raison du grand nombre des traumatismes et de la rareté des tabès consécutifs, il faudrait en outre admettre une certaine prédisposition du sujet au tabès.

L'opinion actuellement admise en France est que la névrite radiculaire est conditionnée par une méningite syphilitique. Cette théorie méningée fut invoquée autrefois par divers auteurs, parmi lesquels Ewald, Minor, Dinkler, Sachs firent intervenir plus particulièrement la méningite postérieure. Cette théorie un peu abandonnée fut reprise sous une nouvelle forme par Pierre Marie et Guillain. Ces auteurs supposaient que la lésion initiale du tabès n'était autre chose qu'une lésion syphilitique du système lymphatique postérieur de la moelle. Bien qu'il considère cette théorie comme une simple hypothèse, Kurt Mendel cherche si on ne pourrait l'adapter au tabès traumatique : à son avis, on pourrait supposer que l'accident détermine, par l'intermédiaire d'une méningite spinale postérieure, un trouble de la circulation lymphatique causant lui-même le tabès. Redlich et Obersteiner avaient d'ailleurs émis une opinion assez semblable puisque la seule différence consistait à supprimer l'intermédiaire lymphatique : le traumatisme déterminait une méningite spinale qui, à son tour, produisait une dégénération des racines postérieures se manifestant cliniquement par les signes habituels du tabès. Il est juste d'ajouter que Redlich et Obersteiner devaient ultérieurement revenir sur leur opinion et ne plus placer la méningite à l'origine du tabès.

Cette origine méningée de la névrite radiculaire, qui découlait des travaux de Nageotte, de Widal, de Babinski, des recherches de Courtellemont, de Ravaut, fut reprise récemment par Sézary, Clovis Vincent, Tinel. Il ne saurait entrer dans notre sujet d'exposer les motifs sur lesquels s'appuient ces auteurs. Il nous paraît cependant utile, pour l'étude des relations qui unissent le tabès et le traumatisme, de rappeler brièvement leurs conclusions.

Au cours des méningites se produit dans les culs-de-sac des gaines radiculaires une accumulation de leucocytes vraisemblablement chargés de produits toxiques. Cet amas toxique est à l'origine du processus de névrite radiculaire transverse. S'il s'agit d'une méningite passagère, la lésion radiculaire se cicatrise et guérit en laissant le plus souvent un noyau scléreux que traversent les fibres nerveuses dissociées et parfois même dépourvues de myéline. Si la méningite prolonge au contraire son action, la dégénérescence localisée de la racine postérieure dans son trajet radiculaire s'accompagnerait d'une dégénérescence de son segment médullaire séparé du centre trophique ganglionnaire. Cette lésion de mode tabétique, véritable « tabès histologique », serait, d'après Tinel, commune à toutes les méningites, en particulier les méningites tuberculeuses et cérébro-spinales, à condition qu'elles aient duré assez longtemps pour lui permettre de se constituer. Mais si toute méningite paraît apte à réaliser anatomiquement une lésion de mode tabétique, Tinel reconnaît qu'en clinique seule la méningite syphilitique paraît aboutir d'une façon courante au syndrome tabétique, vraisemblablement parce que seule elle possède habituellement la lenteur d'évolution, la durée et le coefficient toxique nécessaires. Pour Sézary, cette méningite serait celle qui, ordinairement latente, accompagne la période secondaire de la syphilis, la méningite chronique qui accompagne le tabès étant conditionnée par la radiculite déjà constituée, qui agirait à la façon d'un corps étranger irritant. Pour Clovis Vincent, au contraire, le début du tabès ne doit être reporté qu'au début de la phase méningée qui l'a précédé, c'est-à-dire à la méningite chronique elle-même ; celle-ci, vraisemblablement reliée par la méningite secondaire à la période d'infection générale qui suit le chancre, serait donc non seulement d'origine, mais encore de nature syphilitique. Tinel, moins précis sur l'âge de la méningite, insiste par contre sur son intensité ; seules les méningites atténuées à peu près latentes aboutiraient au tabès ; les méningites syphilitiques plus virulentes, comme d'ailleurs les autres méningites aiguës ou subaiguës déterminant non le tabès, mais des lésions radiculaires plus ou moins brutales, des radiculites.

Cette théorie pathogénique du tabès, radiculite consécutive à une méningite syphilitique, permet d'éliminer de façon complète et certaine la possibilité d'un tabès traumatique.

Qu'on n'objecte pas que des méningites aiguës non spécifiques pourraient, dans certains cas, déterminer une ébauche de syndrome tabétique avec abolition des réflexes et troubles pupillaires, ce qui conduit Tinel, après Courtellemont, à se demander si, dans leurs formes latentes et atténuées, elles ne seraient pas susceptibles de constituer des syndromes voisins du tabès. Même si cette hypothèse se trouvait confirmée, elle ne modifierait en rien la conclusion précédente, les infections méningées traumatiques directes ou indirectes n'ayant pas ordinairement l'évolution si chronique et si atténuée qu'on réclame de la méningite syphilitique.

Au point de vue anatomo-pathologique, Ladame considère que « l'existence d'un tabès traumatique reste chose possible, peu probable, mais en tout cas loin d'être démontrée ». On peut et on doit être plus affirmatif; l'anatomie et la physiologie pathologiques démontrent que le tabès traumatique pur ne saurait exister.

En présence d'une telle affirmation la discussion des arguments cliniques serait superflue s'il n'était intéressant de rechercher pour quelles raisons la réalité du tabès traumatique pur a pu si longtemps être basée presque exclusivement sur l'observation clinique. Cette argumentation repose en grande partie sur l'existence et le rôle d'une syphilis antérieure au traumatisme. Sur ce point deux éventualités se sont successivement produites : tandis que les premiers auteurs cherchaient surtout à établir une relation de causalité le plus souvent basée sur une simple succession dans le temps entre le traumatisme et le tabès sans se soucier de l'existence d'une syphilis antérieure dont l'importance pathogénique n'était pas démontrée, les observateurs qui suivirent firent porter avant tout leur discussion sur la possibilité d'une syphilis ignorée dans les antécédents du blessé. Aussi trouve-t-on trois ordres d'observations : celles, documents incomplets et par là même inutilisables, où il n'est fait aucune mention d'antécédents vénériens, comme si l'attention n'eût pas été attirée vers cette recherche capitale; celles où la syphilis est signalée à côté du traumatisme et dont le moins qu'on puisse dire c'est qu'en présence de la double étiologie syphilitique et traumatique, la clinique est impuissante à trancher ; celles enfin qui mentionnent l'absence de tout antécédent syphilitique. Ces dernières seules méritent d'être discutées.

Or, l'avis à peu près unanime des auteurs contemporains est qu'aucune d'elles n'est à l'abri de sérieuses critiques. Il serait de médiocre intérêt de reprendre, après Hitzig, cette argumentation d'autant qu'elle n'est pas elle-même exempte de tout reproche. Hitzig ne demande-il pas que, lorsqu'on veut prouver que le traumatisme est l'unique cause d'un tabès, l'on exclue tous les cas dans lesquels on note une maladie vénérienne, y compris la gonorrhée, dans les antécédents des tabétiques. Ladame se rallie à cette opinion sous le prétexte que l' « on observe des accidents tertiaires chez des personnes qui n'ont dans leur passé qu'un simple écoulement uréthral et que de nombreux syphilitiques avérés ignorent l'accident initial dont ils ont été contaminés ».

N'est-il pas préférable d'avouer qu'il est parfois impossible, même avec la réaction de Wassermann, de dépister une tare syphilitique congénitale ou acquise ? Quel clinicien n'a eu l'occasion de rencontrer dans sa carrière des malades chez lesquels l'examen clinique le plus minutieux, complété, suivant la recommandation d'Oppenheim, par la preuve *ex uxore*, ne révélait absolument rien qui pût faire penser à la syphilis et chez lesquels cependant la réaction de Wassermann devait être nettement positive ; et réciproquement aucun observateur ne contestera qu'il existe des sujets chez lesquels la syphilis, avouée et prouvée par des documents certains ou par des stigmates indélébiles, ne se manifeste cependant pas par la déviation du complément?

On ne saurait d'ailleurs contester la valeur que pourrait avoir l'observation d'un tabès qui surviendrait après un traumatisme chez un sujet indemne de toute tare syphilitique cliniquement appréciable et dont le sérum comme le liquide céphalo-rachidien donnerait une réaction de Wassermann négative. Une telle observation n'existe pas encore dans la littérature médicale; mais existerait-elle que sa valeur ne saurait être absolue malgré que les statistiques établissent la fréquence de plus en plus grande des réactions de Wassermann positives chez les tabétiques. Dans ces conditions pourquoi conserver aux observations de tabès traumatique un privilège que personne n'accorde plus à celles qui tendaient à établir que la cause du tabès pouvait résider dans le coït debout, l'onanisme ou la suppression des sueurs ?

Les auteurs, à l'exception d'Adamkiewicz, sont d'accord pour considérer qu'en dehors du début, qui se fait souvent par le membre blessé, le tabès traumatique ne diffère en rien cliniquement du tabès ordinaire. Il y a deux symptômes cependant qui méritent une attention particulière en raison de leur valeur diagnostique et de leur importance pathogénique : la lymphocytose céphalo-rachidienne et le signe d'Argyll-Robertson.

L'étude du liquide céphalo-rachidien n'est mentionnée, à notre connaissance, dans aucune observation de tabès qualifié traumatique. En l'absence de documents, la discussion est impossible et on ne peut que signaler l'intérêt qu'il y aurait à trouver dans ces cas de tabès cette lymphocytose discrète qui ordinairement caractérise le tabès syphilitique!

A l'exception de quelques observations,pour la plupart récentes, il n'est nulle part fait mention de la recherche du signe d'Argyll-Robertson.

Parmi ces observations,il en est deux que nous retiendrons particulièrement en raison de la discussion à laquelle peut donner lieu l'apparition du signe d'Argyll, indice ordinaire d'une syphilis nerveuse à la suite d'un traumatisme : ce sont l'observation de Ladame (obs. n° XXII) et celle de Lassignardie (obs. n° XXI).

Le blessé de Ladame présentait, quelques mois après, un grave accident de chemin de fer suivi de névrose traumatique grave,un signe d'Argyll « que l'on n'avait pas observé dans les semaines qui suivirent l'accident». La date d'apparition de ce signe reste donc assez imprécise; aussi n'est-ce pas sur ce point que Ladame fait porter la discussion, mais sur la valeur même de ce symptôme comme preuve d'infection syphilitique antérieure. Après avoir fait remarquer que ce signe a pu être décelé chez des neurasthéniques, des alcooliques, dans certaines maladies mentales, après des accès d'épilepsie, dans certains cas d'artério-sclérose cérébrale, mais toujours de façon transitoire,il conclut,du caractère définitif du signe d'Argyll chez son blessé, à son origine vraisemblablement syphilitique bien qu'il n'ait réussi à déceler chez lui aucun antécédent spécifique indiscutable.

De son côté Lassignardie observa, à la suite d'un violent traumatisme de la région dorso-lombaire, l'apparition du signe d'Argyll chez un sujet indemne cliniquement de tout antécédent syphilitique. Aussi l'apparition de ce signe, comme celle d'ailleurs de tous les symptômes tabétiques concomitants, lui paraît-elle dominée par l'accident.

A côté du signe d'Argyll transitoire et sans valeur pathogénique que l'on peut observer dans des affections variées, on a signalé l'existence possible d'un signe d'Argyll permanent dans des cas, fort rares, il est vrai, de syringomyélie ou de névrite interstitielle hypertrophique chez des sujets que l'on peut considérer comme indemnes de toute syphilis antérieure. Par ailleurs, Guillain a rapporté en 1909 deux cas de signe d'Argyll dans des lésions non syphilitiques du pédoncule cérébral, dont l'un nous intéresse particulièrement en raison de son étiologie traumatique. Dans le premier, publié avec la collaboration de Houzel, il s'agissait d'un garçon de laboratoire de 26 ans qui, au cours d'une tentative de suicide, se logea, sous la région pédonculaire droite, un projectile de gros calibre qui, tout à la fois, comprima et contusionna le pédoncule. Or, Guillain et Houzel virent se constituer le signe d'Argyll-Robertson à droite. Ce sujet n'était pas syphilitique et ne présentait aucun signe de tabès. L'examen du liquide céphalo-rachidien, plusieurs fois pratiqué, ne montra pas de lymphocytose. Le second cas, examiné en collaboration avec Rochon-Duvigneaud et J. Troisier, est celui d'une femme de 59 ans atteinte d'un ramollissement du pédoncule cérébral gauche qui se manifesta par le syndrome de Weber typique; au niveau de l'œil gauche, on observa en outre le signe d'Argyll. Ni syphilis, ni lymphocytose céphalo-rachidienne. Le rapprochement de ces deux faits permet de penser que l'on peut rencontrer le signe d'Argyll dans les lésions non syphilitiques du pédoncule.

Ces faits, en raison de leur rareté, ne sauraient cependant ébranler l'opinion actuellement admise que le signe d'Argyll permanent constitue un signe de syphilis acquise ou héréditaire presque, sinon tout à fait, pathognomonique.

Ni l'observation rapportée par Ladame, ni celle de Lassignardie ne rentrant dans aucun des cadres nosologiques où l'on peut, à titre exceptionnel, rencontrer le signe d'Argyll, sa nature syphilitique peut presque être affirmée dans ces deux observations. C'est d'ailleurs l'avis qu'émet Ladame lui-même ; c'est aussi l'opinion que défendirent Sauvineau et Cabanes quand Lassignardie rapporta l'observation de son blessé devant la Société d'Ophtalmologie.

Ainsi l'observation du signe d'Argyll au cours d'un tabès présumé traumatique constitue, par lui seul, en l'absence même de tout autre signe ou antécédent spécifiques, une forte présomption de syphilis.

Les arguments cliniques sur lesquels pendant longtemps a reposé la théorie du tabès traumatique sont donc de valeur contestable : la clinique vient, au contraire, appuyer la théorie du tabès syphilitique.

Les expériences tentées en vue de provoquer chez les animaux des lésions comparables à celles du tabès sont peu nombreuses. Les procédés auxquels recoururent les expérimentateurs furent soit le traumatisme, soit le surmenage, c'est-à-dire un moyen qui se rattache au traumatisme, soit enfin, plus récemment, l'injection intra-rachidienne de substances médicamenteuses.

Les premières expériences en date sont celles qui furent réalisées par Mendel en 1884. Plaçant des chiens sur une plaque tournante, la tête dirigée vers la périphérie, il les faisait tourner deux fois par jour. Il aurait ainsi provoqué des signes de « paralysie cérébrale ». Les expériences de Furstner, qui datent de 1886, furent analogues, mais plus systématiques : tous les jours pendant quelques mois, il fit subir aux chiens en expérience une séance de une à deux minutes à une vitesse de 80 tours par minute ; puis il sacrifia les animaux. A l'autopsie, il aurait trouvé des dégénérescences bilatérales des cordons latéraux, des dégénérations partielles dans les cordons postérieurs et une lésion de la rétine avec, dans un cas, début d'atrophie du nerf optique.

Vers 1890, un expérimentateur de mérite doublé d'un anatomo-pathologiste, Lazarus, avec la collaboration de Schmaus, Kirchgässer, Bickeles, chercha à réaliser chez l'animal des lésions médullaires non plus par l'intermédiaire du surmenage, mais à l'aide d'une commotion médullaire directe. Il opéra sur des lapins. Chaque jour, durant plusieurs semaines, il frappait 15 à 18 coups de marteau sur une planche appliquée elle-même contre leur colonne vertébrale. Il constata finalement l'apparition d'une parésie marquée surtout au train postérieur. A l'autopsie de ces animaux, il aurait observé du ramollissement médullaire, de l'hydromyélie, de la gliose et des dégénérescences étendues, en partie diffuses, en partie systématisées. Dans une des expériences, la dégénérescence aurait intéressé surtout les deux cordons postérieurs de la moelle lombaire et les racines postérieures, d'où le processus s'étendait vers la moelle.

Les recherches les plus nombreuses et les plus importantes sont celles d'Edinger et de Helbing (de Francfort) qui furent rapportées au Congrès de Médecine interne de 1898. Ces expériences avaient pour but de légitimer la théorie de l'usure et de la réparation insuffisante que venait d'émettre Edinger. Le fonctionnement d'un organe en diminue, d'après lui, la substance à moins que celle-ci ne se maintienne intacte grâce à une compensation correspondant à la perte. Si la réparation est insuffisante soit que l'usure fonctionnelle soit trop grande, soit que le pouvoir de compensation soit trop faible, le tissu nerveux s'atrophie et la névroglie prolifère. Edinger et Helbing soumirent donc au surmenage des rats en assez grand nombre.

Pour arriver à ce but, les uns, suspendus par la queue, devaient se débattre jusqu'à épuisement, les autres, placés dans un tambour mobile, devaient courir pendant plusieurs heures. Après quelques semaines d'exercices quotidiens, on sacrifia les animaux. L'examen de presque toutes les moelles aurait montré des lésions dégénératives des racines et des cordons postérieurs ; dans les cas avancés on aurait en outre trouvé des foyers de dégénérescence dans les cordons antérieurs. On pouvait accélérer la marche de ces lésions en anémiant, à l'aide d'injections de pyridine, les animaux qui allaient être soumis aux expériences. Des animaux témoins servaient à prouver que la pyridine, sans le surmenage, était incapable de créer des lésions médullaires. Von Leyden, en rappelant ces expériences, s'étend sur l'analogie que présentent les lésions médullaires observées avec celles qui caractérisent le tabès.

Les recherches d'Edinger et de Helbing, quoique infiniment plus méthodiques que celles des expérimentateurs qui les ont précédés, n'entraînent cependant pas la conviction. Dès la publication de ces expériences, Schultze s'étonnait que l'on observât exclusivement des troubles du système sensitif alors que le surmenage aurait dû essentiellement atteindre le système moteur. Une autre remarque s'impose : les lésions observées, si elles prédominent dans les cordons postérieurs, n'en sont pas moins des lésions disséminées, qu'il ne paraît pas possible d'assimiler aux lésions systématisées du tabès.

En 1906, W. Spielmeyer réussit à produire chez le

chien, par l'inoculation de trypanosoma Brucei, des lésions des racines et des cordons postérieurs analogues à celles du tabès, de même que des lésions du trijumeau et du nerf optique.

En 1909, cet auteur réalisa chez le même animal, par des injections de stovaïne dans la cavité sous-arachnoïdienne, des dégénérations des racines et des cordons postérieurs, c'est-à-dire des lésions très comparables comme topographie à celles du tabès. Dans plusieurs cas, il existait en outre une dégénérescence marginale de la moelle.

Les expériences de Spielmeyer, si elles sont confirmées, peuvent présenter une haute portée pathogénique. Nous n'insisterons pas sur les premières, car elles sortent du cadre du tabès traumatique. Quant à celles de 1909, elles trouvent peut-être leur explication dans le fait bien établi que les méningites, surtout les méningites les plus atténuées, s'accompagnent ordinairement de lésions radiculaires, véritable tabès histologique. Or il est possible de supposer que des injections répétées de stovaïne soient à l'origine d'une réaction méningée. Cependant, comme le fait remarquer Ladame, « il ne faut appliquer qu'avec la plus grande réserve à la pathologie humaine les résultats expérimentaux obtenus chez les animaux, car les analogies que l'on en peut tirer sont, comme chacun le sait, lointaines et trompeuses ».

Les méthodes expérimentales n'apportent donc, sur la question du tabès traumatique, que des résultats trop imprécis pour qu'on puisse en tirer des conclusions pathogéniques.

En résumé, non seulement aucune des acquisitions scientifiques récentes, qu'elles soient d'ordre clinique ou expérimental, n'est favorable à la genèse traumatique du tabès, mais même il en est, d'ordre anatomo-pathologique, qui s'opposent à cette conception pathogénique. Dans l'état actuel de nos connaissances médicales, on peut donc affirmer que le tabès traumatique ne saurait exister. C'est là une conclusion précise : puisse-t-elle convaincre ceux qui conservent encore quelques doutes sur la question !

CHAPITRE III

Le tabès traumatique des syphilitiques.

La question du tabès traumatique a été limitée par la majorité des auteurs à l'étude du tabès traumatique pur. La discussion qui visait exclusivement la démonstration d'un rapport de causalité entre l'accident et la maladie s'orientait de suite vers la recherche des antécédents pathologiques. Quand il fut démontré que la syphilis était la cause déterminante ordinaire du tabès, tout tendit à chercher si le blessé était syphilitique. Cette preuve faite, la discussion était close, car il apparaissait comme inutile de disserter sur le rôle devenu accessoire du traumatisme.

Des documents existent cependant sur la question ; mais si l'on excepte les opinions autrefois émises par quelques cliniciens sur le rôle possible du traumatisme chez les prédisposés, ils traitent presque exclusivement de l'aggravation, après un accident, d'un tabès déjà caractérisé. Les traités classiques font mention de cette éventualité. Thoinot, Schittenhelm, K. Mendel, pour ne citer que les plus importants, s'en sont préoccupés; enfin de nombreuses recherches ont fixé le rôle du trauma dans la genèse des arthropathies. Par contre, il n'existe à notre connaissance, sur la question du tabès traumatique des syphilitiques, aucun travail d'ensemble. On s'explique mal une telle abstention si l'on songe surtout que cette étude joint à son intérêt propre celui de servir de base à l'expertise médico-légale.

C'est sur la clinique que doit reposer ce nouveau chapitre. Sur la question du tabès traumatique pur, les arguments cliniques avaient dû être écartés en raison de l'impossibilité où l'on se débattait de trouver une seule observation où pût être affirmé le rôle exclusif du traumatisme par l'absence de tout antécédent syphilitique. L'aspect de la question change dès que l'on aborde l'étude du tabès traumatique des syphilitiques. Du chapitre précédent découle cette conclusion que le traumatisme est impuissant à créer le tabès s'il n'existe une prédisposition du sujet. Or, puisqu'il est démontré que cette prédisposition c'est la syphilis, il est légitime de supposer que toutes les observations de tabès traumatique rapportées dans la littérature médicale concernent des syphilitiques. On est donc autorisé à faire abstraction des notions étiologiques qui concernent la spécificité et à puiser dans le domaine particulièrement riche ici de l'observation clinique.

Les cas de tabès traumatique épars dans la littérature médicale sont, en effet, en nombre considérable. Nous n'avons pas la prétention de les avoir tous réunis. Les observations qui figurent à la fin de ce travail sont en outre fort disparates. Un point commun les unit : elles ont toutes été utilisées dans la discussion du tabès traumatique et cette raison nous a paru suffisante pour les reproduire toutes, même celles qui n'auraient jamais dû y figurer. C'est ainsi qu'on trouve des observations, en petit nombre d'ailleurs, où le diagnostic de tabès paraît des plus contestables; dans un cas même il semble difficile de le maintenir : il s'agit de cette observation de Vedrènes où les phénomènes ataxiques rétrocédèrent sous l'influence d'une énergique révulsion lombaire; elle n'avait d'ailleurs pas échappé à la sagacité de Verneuil qui la critiqua dès le jour de sa publication (obs. XXXIV). D'autres observations furent utilisées comme tabès traumatique alors que leur auteur avait invoqué une cause tout autre, telle cette observation de von Leyden, que Petit rattache au traumatisme alors que pour von Leyden c'est l'action du froid qu'il faudrait incriminer (obs. XXIV). D'autres enfin avaient été publiées non pas en faveur, mais à l'encontre de l'existence du tabès traumatique, comme des exemples d'erreurs évitées. C'est le cas de plusieurs observations de K. Mendel (obs. LXX à LXXVI).

Suivant la classification depuis longtemps adoptée, deux modes de traumatisme ont été invoqués à l'origine du tabès : la blessure périphérique et la commotion encéphalo-médullaire. Certains cas sont de classification délicate en raison de la multiplicité d'action du traumatisme; nous les avons rapprochés de l'un ou l'autre groupe, suivant la lésion qui nous parut prédominante.

Les observations de tabès traumatique périphérique

sont les plus nombreuses (obs. XXIII à LXXVII). Mais, pour la plupart, elles sont anciennes et datent de l'époque où l'on admettait volontiers que le tabès pouvait avoir une origine exogène. L'histoire clinique de ces tabétiques s'exprime dans la majorité des cas suivant un schéma toujours identique : après un traumatisme de nature variée, mais atteignant le plus souvent les membres inférieurs, on voit apparaître et prédominer sur le membre traumatisé les premiers symptômes du tabès. La notion du traumatisme importe peu. C'est tantôt une fracture, une contusion ou une torsion du pied, tantôt une amputation de cuisse, tantôt une blessure des orteils. Peut-être quelques réserves s'imposeraient-elles, qui permettraient d'éliminer parmi ces traumatismes ceux dont l'action apparaîtrait comme trop peu évidente. Mais ce n'est pas sur ce terrain qu'il convient de discuter ni de s'étendre. L'intérêt de la question se concentre en effet sur les deux marques les plus caractéristiques de cette forme de tabès : le rapport chronologique entre l'accident et les premiers signes de la maladie et le début des symptômes dans le membre blessé.

C'est le rapport chronologique entre le traumatisme et l'accident qui a jusqu'ici prêté le plus à la discussion. La période qui s'écoule entre le trauma et le début de la maladie est des plus variables : elle peut être de quelques mois, elle est parfois de plusieurs années. Des dates d'apparition si variées ne sont pas sans soulever de multiples critiques. Comment, après plusieurs années, rattacher au traumatisme l'évolution du tabès? Comment, lorsque, quelques jours seulement se sont écoulés entre l'accident et les premiers symptômes de la maladie, supposer qu'il ait pu avoir un rôle dans la détermination d'une maladie à évolution aussi lentement progressive que le tabès? Restent donc les cas où l'évolution se fit progressivement dans les mois qui ont suivi l'accident. Or, dans aucune de ces observations le rapport chronologique n'est établi; pas une seule fois, le blessé n'a été examiné dans les jours ou même dans les mois qui ont précédé le traumatisme, pas une seule fois le jour de l'accident l'examen n'a porté sur la recherche des symptômes tabétiques. Aucune preuve n'existe donc que les symptômes initiaux de la maladie soient postérieurs à l'accident. Cette argumentation a pris toute sa valeur depuis que l'on a appris à connaître la fréquence de ces tabès frustes décelables par quelques signes discrets et qui restent ignorés du malade pendant un temps quelquefois indéfini. Nous nous rappelons, entre autres cas, avoir observé avec le Dr Ribierre un blessé qui, à la suite d'une contusion dorso-lombaire récente, se plaignait d'un lumbago. L'examen du malade révéla l'existence du signe d'Argyll et l'abolition des réflexes rotuliens et achilléens. Si, quelques mois après, le tabès s'était manifesté par des signes fonctionnels, le blessé n'aurait pas manqué de faire remonter sa maladie au traumatisme ! De semblables erreurs ont dû être fréquentes à l'époque où fut recueillie la plus grande partie des observations de tabès périphérique alors qu'on ne portait guère le diagnostic de tabès avant l'apparition de l'ataxie. Mais il y a plus : différents auteurs, parmi lesquels Hitzig, Schittenhelm, K. Mendel, ont soumis à une critique minutieuse chaque cas où a été invoqué le rôle du traumatisme ; or, dans la majorité, sinon dans la totalité des cas, ils ont pu mettre en évidence, longtemps avant l'accident, des symptômes qu'il était logique de rattacher à un tabès déjà constitué. Nous ne reprendrons pas ces critiques qui, outre qu'elles sont fastidieuses, conduisent parfois à des interprétations dont le contrôle est impossible. Signalons seulement après K. Mendel la fréquence, dans les antécédents des tabétiques, de douleurs qualifiées de « rhumatismales » qui, lorsque quelques détails sont donnés, ressemblent singulièrement à des douleurs d'ordre tabétique. Attirons l'attention sur cette observation de Ball où le tabès est rapporté à la résection de la première phalange de l'orteil droit pour un durillon forcé. N'est-il pas de toute évidence que ce durillon, assez rebelle pour nécessiter une amputation, était un mal perforant plantaire (obs. XXXIII) ? N'est-ce pas un cas analogue que rapportent Lecorché et Talamon : une petite blessure faite lors de l'ablation d'un cor placé sous le gros orteil gauche d'un syphilitique s'est envenimée, la plaie est très douloureuse et détermine des élancements dans tout le pied, qui gagnent le membre inférieur gauche, et enfin quelques mois après le membre inférieur droit. Trois ans après apparaît l'ataxie (obs. XXVI) ? Et cette fracture, qui se consolide difficilement avec un cal exubérant, n'est-on pas en droit de supposer qu'elle est survenue chez un tabétique (obs. XLV)?

Nous pourrions multiplier les exemples et démontrer que pas une seule observation ne peut être apportée à l'appui d'une origine traumatique périphérique du tabès, même chez les syphilitiques. Il ne s'en suivrait pas cependant que ce rôle pathogénique ne saurait exister si les considérations théoriques que nous avons rappelées au précédent chapitre n'en venaient faire la preuve en montrant combien peu saurait être admise une théorie périphérique du tabès. On peut donc considérer comme résolu par la négative le rôle du traumatisme périphérique dans la genèse du tabès chez les syphilitiques.

En admettant l'existence d'un tabès fruste antérieur au traumatisme, il n'en reste pas moins à expliquer le début apparent des symptômes dans le membre blessé. Un grand nombre d'observations viennent à l'appui de cette opinion. Le plus souvent ce sont des fractures ou des affections articulaires, parfois ce sont des symptômes tabétiques d'ordre généralement douloureux.

Le rôle occasionnel du traumatisme vis-à-vis de l'arthropathie ne prête plus aujourd'hui à discussion. Mais en raison de l'obscurité qui règne encore sur la pathogénie de l'arthropathie tabétique, son mode d'action reste imprécis. Barré a proposé récemment une théorie vasculaire qui pourrait l'expliquer : l'arthropathie serait sous la dépendance d'une lésion syphilitique de l'artère nourricière de l'os et l'épanchement sanguin intra-articulaire résulterait de la rupture d'un vaisseau sous l'influence de divers facteurs parmi lesquels le traumatisme. Quoi qu'il en soit, il est actuellement acquis que le traumatisme peut être suivi rapidement par l'arthropathie ou au contraire la précéder de plusieurs années, l'altération antérieure de l'articulation fixant sur celle-ci la dystrophie tabétique. Par ailleurs le début et la prédominance des symptômes tabétiques dans le membre traumatisé ne représentent pour Vulpius et Ewald que la réaction pathologique d'une région blessée qui offre une moindre résistance et dont la sensibilité et la motilité sont devenues plus excitables. Il s'agit en définitive d'une modification périphérique des tissus et non d'une altération centrale. Il est d'ailleurs à remarquer que les symptômes qui sont susceptibles de prédominer dans le membre traumatisé sont d'ordre surtout subjectif.

Ainsi rien ne reste du rôle qu'on avait cherché à attribuer au traumatisme périphérique ; de son action sur l'évolution on ne peut retenir que son rôle occasionnel vis-à-vis des fractures et des arthropathies et par un mécanisme tout indirect, l'apparition et la prédominance sur le membre traumatisé des phénomènes tabétiques.

Les observations de tabès traumatique d'origine centrale offrent sur les précédentes cette supériorité que si elles sont moins nombreuses elles sont en général plus modernes, c'est-à-dire mieux adaptées aux exigences de la clinique d'aujourd'hui (obs. I à XXII).

Les faits de tabès traumatique central, quoique disparates eux aussi, se prêtent mieux à un groupement soit que l'on fasse intervenir la nature et le mode d'action du traumatisme, soit plutôt qu'on cherche à les rassembler d'après la date d'apparition des premiers symptômes.

Les accidents que l'on a observés à l'origine de ces cas de tabès sont assez divers. Citons les chutes de cheval ou de voiture dont le rôle a depuis longtemps frappé les auteurs (obs. I, II, VIII, IX), les accidents de chemin de fer (obs. III, VI, X, XXII), les chutes d'un lieu élevé (obs. VII, XII, XVII, XVIII), les compressions ou les chocs rachidiens (obs. XIV, XV, XX, XXI). Dans un cas rapporté par Heurteau est signalé un mécanisme assez spécial : la décompression brusque par rupture d'un scaphandre (obs. XIII). De la connaissance de ces divers traumatismes, on peut, semble-t-il, tirer la notion d'un double mode d'action, soit une commotion générale de l'axe encéphalo-médullaire, soit un choc localisé crânien ou rachidien.

L'analyse clinique permet d'apporter une autre classification de ces divers documents.

On peut tout d'abord procéder à l'élimination des cas dans lesquels on trouve, à la lecture de l'observation, des symptômes en faveur d'une évolution antérieure du tabès et dans lesquels l'action du traumatisme est soit simplement aggravante, soit même nulle. Une série d'observations analogues est rapportée par Mendel, qui les interprète d'ailleurs de cette façon (obs. XVII, XVIII, XIX, XX).

Le second groupe de faits contient les observations dans lesquelles des symptômes de tabès avancé se sont manifestés très rapidement après le traumatisme. Tel est le cas rapporté par Lockhart-Clarke, d'un sujet qui, atteint d'une violente contusion dans les reins, accusait, après un séjour d'un mois au lit, des symptômes d'ataxie (obs. III). Dans cette catégorie rentre également l'observation inédite que nous rapportons et qui donna lieu à une expertise de MM. Thoinot, Gilbert-Ballet et Dupré (Rapport n° II). Tout ce que l'on sait de l'évolution insidieuse longtemps silencieuse et essentiellement progressive du tabès particulièrement dans ses phases de début permet de réunir en quelque sorte ces faits à ceux du groupe précédent et de considérer que le tabès, existant antérieurement, s'était simplement affirmé à la suite du traumatisme.

Dans l'un et dans l'autre de ces groupes, l'action du traumatisme ne peut être considérée comme prépondérante. Son rôle a consisté uniquement soit à aggraver un tabès déjà existant, mais plus ou moins stationnaire, soit à démasquer l'existence d'un tabès à manifestations très atténuées, mais réelles.

Il ne paraît plus en être de même dans les observations d'ailleurs fort rares qu'il nous reste à envisager dans un dernier groupe de faits. Dans celles-ci on constate l'apparition progressive du syndrome tabétique dans les mois qui ont suivi le traumatisme. Ce dernier est en général particulièrement grave, atteint le plus souvent l'axe encéphalo-médullaire et détermine une perte de connaissance plus ou moins prolongée et parfois les symptômes ordinaires de la névrose traumatique.

Dans ces cas, le rôle du traumatisme apparait comme réellement prépondérant s'il peut être démontré qu'il n'existait antérieurement à l'accident aucun signe de tabès nettement caractérisé. Cette démonstration est des plus délicates et à l'exception d'un seul cas nous ne croyons pas qu'elle ait été rigoureusement faite jusqu'ici. Il s'agit de l'observation, rapportée par K. Mendel, d'un homme qui, à la suite d'un violent traumatisme cranien, tomba à terre et resta deux minutes sans connaissance. Quatre mois et demi après l'accident, l'examen était encore négatif, et ce ne fut que trois semaines plus tard qu'on vit se développer le signe d'Argyll en même temps que diminuaient les réflexes (obs. XVI).

De ce cas,on peut rapprocher trois autres faits qui, s'ils n'apportent pas la certitude, offrent cependant un intérêt indiscutable : ce sont les observations rapportées par Hitzig, Lassignardie et Ladame. Nous n'insisterons pas sur le cas de Hitzig dont nous n'avons pu, au lieu du texte intégral, nous procurer que l'analyse que cet auteur en donne (obs. VI).

Dans l'observation de Lassignardie,le signe d'Argyll était encore absent 6 mois après l'accident, mais des symptômes dans lesquels il est difficile de faire la part de la névrose traumatique et du tabès s'étaient constitués dans les jours qui suivirent l'accident (obs. XXI).

Dans l'observation de Ladame, il est expressément noté que les premiers symptômes manifestes d'un tabès fruste ne furent découverts que quelques mois après l'accident. Les réflexes rotuliens allaient en s'affaiblissant et l'on reconnut en outre l'existence d'un signe d'Argyll « qu'on n'avait pas remarqué dans les semaines qui suivirent l'accident » (obs. XXII).

De ces cas ne peut-on enfin rapprocher, malgré l'apparition rapide des premiers symptômes, celui que nous rapportons dans le chapitre médico-légal et qui fut observé par MM. de Lapersonne, Balthazard et Sicard (Rapport n° I)?

Le mode d'action du traumatisme est assez difficile à préciser et varie peut-être suivant les cas. Il est possible que, dans un certain nombre de faits, on doive faire intervenir, comme le propose K. Mendel, le séjour prolongé au lit, qui serait capable de mettre en évidence des phénomènes ataxiques qui jusque-là n'avaient pas été décelés au cours d'un tabès évoluant depuis un temps plus ou moins long. Mais il ne semble pas impossible que, par un mécanisme encore mystérieux, mais qui semble réel, le traumatisme des centres nerveux puisse faciliter l'évolution des lésions tabétiques. Et si l'on admet que l'apparition clinique du tabès est précédée d'une longue phase exclusivement histologique, on peut supposer que le traumatisme peut dans certains cas faire passer le tabès de sa phase histologique à sa phase clinique. Cette hypothèse permettrait d'expliquer, si leur réalité est démontrée, les faits de tabès traumatique des syphilitiques.

CHAPITRE IV

Étude médico-légale.

Parmi les problèmes qu'a soulevés l'application de la loi du 9 avril 1898, celui de l'état antérieur reste aussi brûlant qu'au premier jour. Beaucoup d'encre fut versée dans le monde médical, et les controverses continuent encore. N'avons-nous pas entendu, au Congrès de Médecine légale de 1911, MM. Courtois-Suffit et Bourgeois prendre la parole et déclarer, en se basant sur une importante statistique médico-judiciaire, « qu'il n'était pas à l'heure actuelle de question moins élucidée » ? M. Balthazard, au contraire, s'est fait récemment, dans une réponse documentée, le champion de la thèse contraire : « la question de l'état antérieur est solutionnée, dit-il, d'une façon définitive dans le sens le plus favorable aux ouvriers. »

Mais avant de nous livrer à quelques considérations sur cette question, un scrupule nous vient : est-elle du ressort de la médecine? E. Merle, dans sa thèse, écrit : « Il nous semble que c'est à tort que les médecins se sont préoccupés de cette question qui est d'ordre purement juridique, la mission confiée par les tribunaux au médecin expert est strictement médicale. » Certes la mission confiée à l'expert est strictement médicale et il ne doit pas un instant perdre de vue cette considération. Mais l'aide qu'il sera susceptible de rendre au juge sera en quelque sorte proportionnelle à la connaissance qu'il aura de la jurisprudence. Aussi nous paraît-il nécessaire, dans une étude médico-légale du tabès traumatique, de chercher dans quelle mesure on peut adapter la conception juridique de l'état antérieur au cas particulier qui nous occupe.

La loi du 9 avril 1898 confère au juge la mission d'évaluer la différence de capacité professionnelle de l'ouvrier avant et après l'accident. Or, pour que l'ouvrier qui a subi une réduction de capacité puisse prétendre à une indemnisation, il faut qu'il démontre :

1° Qu'il a été victime d'un accident du travail, c'est-à-dire qu'il est survenu, au cours de son travail, un événement anormal résultant de l'action soudaine et violente d'une cause extérieure physique ;

2° Que l'affection médicale ou chirurgicale qui a entraîné la réduction de capacité est la conséquence, *nettement démontrée*, de l'accident.

La question de l'accident échappe le plus souvent à l'expertise médicale. Elle est déjà établie lorsque le blessé se présente devant l'expert. Il est cependant des cas où l'expert peut être appelé à donner son avis, ou plutôt à demander, avant de donner des conclusions, que la réalité de l'accident soit établie. Cette éventualité peut se présenter dans l'expertise des fractures tabétiques où il est nécessaire d'établir que la fracture ne s'est pas produite au cours d'un travail normal, auquel cas elle n'aurait évidemment pas une origine accidentelle. Mais le point le plus délicat, celui qui constitue réellement pour l'expert un angoissant problème, réside dans l'attribution du rapport de causalité. C'est alors que se pose tout entière la question de l'état antérieur. Elle est double et peut-être n'a-t-on pas toujours assez insisté sur ce point. Il est du devoir des médecins d'établir une différence entre *la simple prédisposition* et *la lésion constituée*, c'est-à-dire *cliniquement appréciable*.

La simple prédisposition n'est jamais prise en considération par le juge en matière d'accident du travail, et sur ce point médecins et magistrats sont d'accord. Ce qui importe seul, c'est la cause occasionnelle sans laquelle la prédisposition n'aurait vraisemblablement jamais évolué vers la lésion. La question change lorsque la lésion est constituée; il est alors du devoir de l'expert d'aviser le magistrat que cette lésion a une tendance naturelle à progresser en dehors de toute cause intercurrente et de lui exposer, s'il y a lieu, son incertitude sur une relation de causalité qui, on ne saurait trop le rappeler, doit être nettement établie. Mais il y a lieu de remarquer que, du point de vue particulier où il se place, le juge sera nécessairement porté à considérer comme simple prédisposition la lésion qui ne s'est manifestée par aucune atteinte portée à la capacité professionnelle de l'ouvrier.

Ces notions générales établies, il reste à préciser la conduite de l'expert en présence des diverses éventualités qui peuvent se présenter au cours d'une expertise de tabès traumatique. Sur ce point, nous serons très bref; les rapports que nous devons à l'extrême obligeance de M. le professeur Thoinot et de M. le professeur agrégé Balthazard nous y autorisent. Ils sont une règle pour l'expert et nous ne saurions exprimer en termes plus précis les idées qui y sont développées.

Les cas de tabès traumatique peuvent, au point de vue médico-légal, être groupés en deux classes.

La première comprend les observations où le rôle du traumatisme apparaît comme prépondérant. Pour caractériser ces cas, diverses conditions nous paraissent indispensables. Il sera d'abord nécessaire d'établir qu'il n'existait avant le trauma aucun signe de tabès nettement caractérisé. C'est là une question souvent délicate : en l'absence soit d'un examen médical complet du blessé antérieur à l'accident, soit d'un certificat d'origine portant la mention que la recherche des principaux signes du tabès a été pratiquée, on ne pourra guère être affirmatif en raison du caractère ordinairement insidieux et longtemps latent des premiers symptômes du tabès. On se basera également sur l'étude évolutive de la maladie, qui devra montrer l'apparition progressive du syndrome tabétique dans les mois qui suivent le traumatisme. La nature de l'accident constitue enfin un facteur important. On peut en effet tirer des observations qui rentrent dans cette catégorie la notion qu'il doit s'agir d'un violent traumatisme encéphalo-médullaire s'accompagnant de perte de connaissance et que c'est parfois au milieu des symptômes ordinaires de la névrose traumatique que l'on voit se dessiner les premiers signes du tabès. C'est à ces cas seuls que l'expert devra réserver le nom de « tabès traumatique ». Mais il ne manquera pas de préciser dans son rapport qu'il s'agit là d'une appellation exclusivement médico-légale et que le tabès relève toujours de la syphilis. Ces cas sont exceptionnels, aussi sommes-nous particulièrement heureux de pouvoir illustrer notre description du rapport d'une expertise d'accident du travail dû à la plume autorisée de M. le professeur de Lapersonne, de MM. les professeurs agrégés Sicard et Balthazard.

I. — Rapport de MM. de Lapersonne, Balthazard et Sicard.

Nous soussignés, de Lapersonne, professeur de clinique ophtalmologique à la Faculté de médecine, membre de l'Académie de médecine, Sicard, professeur agrégé, médecin des hôpitaux, et Balthazard, professeur agrégé de médecine légale, commis par jugement de la 4e chambre en date du 17 janvier 1910 à l'effet de voir et examiner le nommé M... ;

« Prendre connaissance des documents et certificats produits, dire quelles ont été les blessures occasionnées par l'accident et quelles en ont été ou seront les conséquences au point de vue de l'exercice tant de la profession du demandeur que de toute autre profession (incapacité de travail temporaire ou permanente partielle) et à quelle date se place la consolidation de la blessure. »

Serment préalablement prêté devant M. le président du tribunal, avons rempli notre mission le 24 février 1910.

Circonstances de l'accident. — Le 22 avril 1908, le sieur M..., alors âgé de 43 ans et exerçant la profession de cocher, conduisait une voiture dans laquelle se trouvaient plusieurs personnes employées à la maison Pathé, lorsqu'il heurta un tramway de l'Est Parisien. Il fut projeté à bas de son siège, perdit connaissance pendant une demi-heure et fut ramené chez lui. Commis par M. le Poitevin, juge d'instruction, pour examiner M..., le docteur Balthazard visita le blessé à plusieurs reprises à la fin du mois d'avril 1908 et, au mois de novembre de la même année. Il constata les lésions suivantes :

« M..., est un homme de forte corpulence, qui s'est fait dans sa chute de graves contusions. Ayant perdu connaissance sitôt après l'accident pendant une demi-heure, il a éprouvé à son réveil de vives douleurs de tête, des bourdonnements d'oreilles et des troubles de la vue qui persistent encore, bien qu'un peu atténués. Il présente une plaie du cuir chevelu, recouverte d'une croûte dans la région pariétale à 10 cm. au-dessus de l'oreille gauche. Sur l'épaule gauche on observe une vaste ecchymose de 25 cm. de diamètre avec teinte jaune verdâtre et traînées violacées. Toute la région pectorale gauche était enflée ; elle est encore douloureuse à la pression. L'œil gauche est ecchymotique. La conjonctive et la sclérotique sont d'une teinte rouge uniforme ; les deux paupières sont recouvertes d'une ecchymose qui s'étend sur la joue gauche... M.. a saigné du nez les trois jours qui ont suivi l'accident. Actuellement il ne peut se tenir debout et titube comme un homme ivre. Il ne semble pas exister de fracture du crâne. »

M... resta pendant 3 mois dans l'impossibilité absolue de travailler et dut tout ce temps garder la chambre. Il ne recommença à s'occuper qu'à la fin du mois d'août et ne put reprendre son ancienne profession de cocher.

Examen de M... A l'heure actuelle, M... se plaint de vertiges, d'incertitude de la démarche et de troubles de la vue.

Les vertiges débutent le matin en se levant, persistent toute la journée, mais ne surviennent jamais au lit. Il lit avec des lunettes sans éprouver de vertiges. Dans la station debout, il vacille ; les oscillations du corps sont augmentées par l'occlusion des yeux. Ce signe à lui seul conduit à penser que le vertige n'est pas lié à une lésion oculaire. Même les yeux ouverts, il lui est impossible de se tenir sur un seul pied. La marche est incertaine ; les jambes sont raides, la gauche surtout est lancée avec vigueur en avant et retombe sur le talon; les bras sont écartés de l'axe du corps, surtout le droit; la direction de la marche est sinueuse. Il n'existe pas d'ataxie aux membres supérieurs et le malade porte correctement et sans hésitation son doigt au bout de son nez. Par contre,on note de l'asynergie d'une façon nette aux membres supérieurs, facile à constater si l'on fait exécuter au malade des mouvements s'opérant ordinairement d'une façon symétrique,comme les mouvements de rotation des mains.

Les réflexes rotuliens et achilléens sont complètement abolis. On note la perte de la sensibilité testiculaire, trachéale.

Il n'existe pas de troubles gustatifs ou de l'odorat.

Ajoutons enfin que,depuis l'accident, le malade est resté dans un état de frigidité complète bien qu'il soit âgé seulement de 45 ans. L'examen de la langue montre qu'il existe à la surface de cet organe un enduit blanchâtre présentont, en certains points, des renforcements et épaississements de l'épiderme comme on en observe dans les leucoplasies buccales diffuses; de plus la langue est sillonnée de fissures peu profondes, mais nombreuses.

Examen oculaire pratiqué par M. de Lapersonne. — On constate tout d'abord que la fente palpébrale n'est pas largement ouverte : les paupières sont lourdes, chargées de graisse, mais le releveur de la paupière supérieure se contracte bien; il n'y a pas de ptosis ni d'un côté ni de l'autre. M... se plaint surtout de vertiges et de troubles de la vue. En le faisant regarder dans différentes directions, on s'aperçoit que les excursions des yeux sont limitées dans la direction externe en dehors, tant à gauche qu'à droite. Si l'on fait faire un effort pour maintenir cette position du regard on voit que l'œil est animé de quelques mouvements rotatoires produits par des secousses musculaires. Il y a donc une faiblesse très marquée des deux muscles externes, ce qui est confirmé par la recherche de la diplopie au verre rouge, dans la chambre noire. Cette épreuve indique une diplopie homonyme n'existant que dans les directions externes du regard, à droite et à gauche, et jamais en face.

Les réflexes pupillaires à la lumière sont presque complètement abolis. La pupille ne se contracte que très faiblement à la vive lumière de l'éclairage oblique et elle se dilate à nouveau immédiatement après. La pupille est un peu plus grande à droite; de ce côté elle est déformée, ovalaire.

Il n'existe aucune lésion du fond de l'œil : la réfraction est légèrement hypermétropique avec astigmatisme d'une dioptrie environ. L'acuité visuelle est égale à huit dixièmes des deux côtés, avec un cylindrique concave une dioptrie horizontal.

Pour le travail de près, en raison de la presbytie, il faut ajouter un sphérique convexe de 1,75 dioptries.

En résumé l'examen oculaire indique une parésie des deux droits externes avec signe d'Argyll-Robertson et inégalité pupillaire.

Discussion. — L'examen auquel nous venons de procéder montre que M... est atteint d'une maladie chronique de la moelle épinière, caractérisée par la perte des réflexes rotuliens et achilléens, par la disparition des réflexes pupillaires à la lumière, par l'inégalité pupillaire, l'incertitude de la démarche, la frigidité, l'absence de sensibilité testiculaire et trachéale, etc. Il y a là un ensemble de symptômes plus que suffisant pour autoriser le diagnostic d'ataxie locomotrice ou tabès.

Reste à déterminer les rapports de cette affection avec l'accident du 22 avril 1908.

Le tabès n'est jamais une affection purement traumatique; on ne l'observe que chez des individus chez lesquels une infection chronique antérieure de nature spéciale a préparé le terrain au développement des lésions médullaires. Or, on trouve chez M... la preuve de l'existence de cette toxi-infection chronique dans l'aspect très spécial de la langue, dans la parésie des deux droits externes, dans la perte des réflexes oculaires à la lumière et dans l'inégalité pupillaire.

M... présentait donc le terrain indispensable pour le développement du tabès. Le trauma,s'il a agi,n'a pu que déclancher un processus morbide. Peu importe d'ailleurs que le traumatisme ne soit pas la cause unique du tabès, il suffit de démontrer qu'en absence de traumatisme la maladie actuelle n'aurait probablement pas évolué chez M...

Souvent le tabès survient spontanément chez les individus prédisposés,en dehors de tout traumatisme; cependant le plus grand nombre des malades atteints de la prédisposition dont nous avons parlé restent indemnes de tabès si une cause intercurrente ne vient pas en provoquer l'apparition.

Chez M...,l'enquête, si elle confirme ses dires, établira qu'il n'existait avant l'accident aucun signe de tabès. Cet homme travaillait en effet à un métier pénible et qui nécessite l'intégrité des jambes,puisqu'il était obligé de monter sur son siège. De plus il n'a pas cessé un seul jour son travail, hors les chômages forcés, pendant l'année qui a précédé l'accident et au cours de laquelle il a été employé chez le même patron.

Au contraire, sitôt après l'accident sont apparus des symptômes que l'on est en droit aujourd'hui de rapporter au tabès, étant donnée la marche ultérieure de l'affection. Ces symptômes étaient alors bien moins prononcés qu'à l'heure actuelle. La démarche était moins incertaine, moins talonnante; les réflexes pupillaires à la lumière étaient moins complètement abolis. Ajoutons que l'accident a été grave et a provoqué une commotion cérébrale et médullaire. On ne peut donc mettre en doute l'influence indéniable de l'accident sur les troubles nerveux actuels.

L'affection se serait-elle déclarée spontanément un jour ou l'autre en dehors de tout traumatisme ? Personne n'est en droit de l'affirmer. Jusqu'au moment de l'accident, la prédisposition du tabès était restée chez M... latente et insoupçonnée ; elle aurait pu rester ainsi indéfiniment.

Il nous semble donc, conformément à la jurisprudence admise, que le tabès actuel doit être regardé comme la conséquence de l'accident et que l'on doit uniquement tenir compte, dans l'appréciation du dommage causé à M... par l'accident, de son état avant le 22 avril 1908 et de son état actuel.

A ces cas de tabès traumatique s'opposent les observations en nombre beaucoup plus grand où la réalité de l'existence antérieure du tabès est démontrée. Dans ces cas le rôle de l'expert consistera à apprécier les conséquences du traumatisme, à déterminer s'il a démasqué le tabès, s'il l'a aggravé par l'apparition d'une complication : arthropathie, fracture, ou s'il en a seulement précipité l'évolution. C'est là une question d'espèces dans la détermination de laquelle entrent les mêmes facteurs que précédemment : la base devrait en être le certificat d'origine, mais on sait qu'il ne contient que très rarement les renseignements qu'on souhaiterait y trouver. A leur défaut, on fera intervenir les commémoratifs, l'enquête sur les interruptions de travail du blessé avant l'accident et enfin la nature même du traumatisme. On se rappellera avec quelles réserves on devra admettre le rôle d'un traumatisme périphérique. Un exemple frappant nous en est fourni par le rapport si documenté de MM. les professeurs Thoinot, Gilbert-Ballet et de M. le professeur agrégé Dupré, que nous rapportons intégralement. Tout commentaire l'affaiblirait.

II. — Rapport de MM. Thoinot, Gilbert-Ballet et Dupré.

I

Nous soussignés, docteur Thoinot, Gilbert-Ballet et Dupré, professeurs et professeur agrégé à la Faculté de Médecine de Paris, commis par un arrêt de la Cour d'Appel de Paris, en date du 24 juillet 1911, signifié le 8 septembre 1911, ainsi conçu :

« La Cour... considérant que l'affection nerveuse (tabès) dont est atteint M... ne semble s'être révélée qu'à la suite de l'accident dont il a été victime le 8 septembre 1909 ; que, jusqu'à cet accident, il exerçait régulièrement sa profession sans avoir souffert d'aucun trouble médullaire ; considérant qu'à raison des circonstances invoquées par M... et qui ne paraissent pas pouvoir être démenties, il y a lieu de recourir à une expertise médicale à l'effet de déterminer la cause originelle de la maladie qui a coïncidé avec l'accident. Par ces motifs, déclare l'appel recevable, dit avant faire droit au fond que M... sera examiné par MM. les docteurs Thoinot, Gilbert-Ballet et Dupré, que la Cour commet comme experts, sauf aux parties à convenir d'autre choix dans les délais de la loi, à l'effet par les dits experts, après qu'ils auront prêté serment devant le président de cette chambre s'ils n'en sont dispensés par les parties et après qu'ils auront consulté toutes pièces produites et recueilli tous renseignements utiles : dire quel est l'état actuel de M..., fixer la date des premières manifestations de l'affection dont il est atteint, en déterminer si possible la cause, dire si cette affection est la conséquence de l'accident qu'il a subi le 8 septembre 1909 et si elle constitue une infirmité permanente ; en cas d'affirmation, évaluer la diminution de la capacité ouvrière et indiquer la date de la consolidation de la blessure. »

Dispensés du serment suivant lettre à nous adressée par par Mᵉ R... avons procédé, le 18 novembre 1911, au cabinet de M. le professeur Gilbert-Ballet, à l'Asile Clinique (Sainte-Anne) à l'examen de M... en présence des avoués des parties et de M. le docteur C..., auteur d'une consultation médicale dont il sera question plus loin.

Nous rappelons les faits de la cause : M..., ouvrier fumiste, alors âgé de 44 ans, avait été victime, le 8 septembre 1909, d'un accident au cours du travail.

La déclaration du blessé sur cet accident faite à la justice de paix du 9e arrondissement le 18 décembre, relate les faits de la façon suivante :

« Le 8 septembre dernier, vers six heures du soir, je venais de quitter mon travail, n'ayant pas fini ma journée puisque je rentrais à l'atelier. J'allais prendre une voiture à bras. Je venais de descendre du trottoir de droite de la rue Geoffroy-Marin en venant de la rue Richer, lorsqu'une voiture automobile arriva derrière moi, me bouscula. Je tombai et la roue me passa sur la jambe gauche à la hauteur de la hanche. J'ai été transporté à l'hôpital de la Charité par une voiture d'ambulance. Je suis resté douze jours à l'hôpital, etc... »

Les certificats délivrés au blessé, après son accident et jusqu'à l'expertise faite par l'un de nous (docteur Thoinot), en date des 22 décembre et 11 janvier, étaient les suivants :

a) Certificat d'origine du docteur L..., médecin de la Caisse Commune, en date du 16 septembre 1909, c'est-à-dire 8 jours après la blessure, indiquant chez M... une contusion au deuxième degré de la région inguinale gauche et une hernie inguinale gauche en évolution n'ayant provoqué aucun symptôme de compression ;

b) Note du docteur Méry, professeur agrégé à la Faculté, en date du 20 octobre 1909, c'est-à-dire 42 jours après la blessure. Dans cette note le docteur Méry rappelle le certificat d'origine du docteur L... Il fait mention d'une autre note du docteur L... en date du 7 octobre (29 jours après l'accident) indiquant des troubles paralytiques qui n'existaient pas antérieurement. Et le docteur Méry relate ensuite les résultats d'un examen fait par lui les 8 et 20 octobre, soit 30 et 42 jours après l'accident :

« Le 8 octobre M... est examiné au Siège Social. On constate des signes de tabès : parésie des membres inférieurs, surtout marquée à gauche, incoordination motrice, abolition des réflexes rotuliens, signe de Romberg. Pas d'épilepsie spinale.

« Examiné à nouveau le 20 octobre, on constate en plus le signe d'Argyll Robertson et la marche tabétique très nette. »

c) Le docteur M... examine le blessé et délivre le certificat suivant le 25 octobre (47 jours après l'accident) :

« A l'examen, dit-il, j'ai constaté qu'il était atteint de contusions ecchymotiques du côté gauche du corps et principalement de contusions ecchymotiques au niveau de la crête iliaque et aux lombes avec impossibilité presque absolue de marcher. Il présentait en outre des symptômes d'ataxie locomotrice assez prononcée que le blessé m'a déclaré n'avoir eus avant son accident.

« J'ai conclu qu'il était possible que l'ataxie locomotrice dont il est atteint *pouvait* bien être de cause traumatique et en ce cas je fais des réserves sur la durée d'incapacité de travail et sur les suites qui peuvent être très graves. »

A la date des 22 décembre 1909 et 11 janvier 1910, l'un de nous (docteur Thoinot), commis par Monsieur le Juge des conciliations, examina M... et dressa un rapport de ses constatations à la date du 15 janvier 1910.

Les constatations de l'expert étaient les suivantes :

« Rien d'apparent à la région inguinale gauche, pas de trace de hernie inguinale. »

L'expert décrivait ensuite les signes de tabès existant chez M... comme suit :

« Mais ce qui est frappant chez le blessé, c'est le tableau très accentué, très net d'un tabès en évolution déjà bien prononcé. Ce tabès se caractérise principalement par les signes suivants :

« Incoordination motrice marquée aux membres inférieurs et aux membres supérieurs ; le blessé jette les jambes en avant, talonne, trébuche quand il se retourne vivement, ne peut atteindre avec ses doigts un but qu'on lui marque, etc..., etc... Signe de Romberg très prononcé.

« Inégalité pupillaire, la pupille gauche étant légèrement plus ouverte que la pupille droite. Signe d'Argyll-Robertson indiscutable. Pas de troubles de la sensibilité.

« Le tableau se caractérise en outre par quelques symptômes accessoires que nous indique le blessé. C'est ainsi qu'il est certain qu'à un moment donné il a perdu et même encore à l'époque actuelle il perd ses urines. Il ne semble pas avoir de troubles du côté du rectum.

« L'interrogatoire ne nous a pas appris qu'il eût eu à un moment quelconque de crise gastrique. L'acuité visuelle paraît normale; l'audition semble intacte. Il semble exister enfin quelques douleurs en ceinture. »

L'expert discutait ensuite les relations du tabès existant chez M... avec l'accident du 8 septembre 1909 et s'exprimait ainsi :

« Il est donc acquis que le sieur M... a été victime, le 8 septembre 1909, d'un accident bien caractérisé et médicalement constaté, à savoir un traumatisme de la région abdominale inférieure et en particulier de la région inguinale gauche, et l'examen actuel montre que ce sujet est atteint d'un tabès bien caractérisé et en pleine évolution.

« Le tabès est-il la suite ou la conséquence directe de l'accident souffert en septembre ? On peut affirmer qu'il n'en est rien. Au point de vue théorique tout d'abord, l'origine traumatique du tabès est fort contestable et vivement contestée par la plupart des auteurs, mais de plus, dans le cas présent, il apparaît bien que l'hypothèse de relation de cause à effet est absolument insoutenable. Nous sommes aujourd'hui à quelques mois de l'accident éprouvé par le sieur M..., à peine quatre mois, et le tabès dont il souffre est en pleine évolution. C'est un tabès dont le début remonte certainement à de longs mois et le blessé en donne la meilleure preuve en indiquant lui-même que, après son accident, lorsqu'il voulut quitter le lit de l'hôpital où il était couché, il est tombé à terre, il s'est effondré, c'est-à-dire qu'il était atteint dès ce moment, à quelques jours de l'accident, de troubles d'incoordination motrice des plus caractérisés. Il est certain qu'à l'heure actuelle le sieur M... est presque incapable de travail, qu'il est déjà presque un infirme dont l'invalidité ira en s'accroissant chaque jour, mais cela ne saurait être le fait de l'accident.

« Il n'y a entre l'accident et le tabès dont souffre M... qu'une coïncidence purement fortuite ; on ne saurait même soutenir à notre avis que le traumatisme ait aggravé le tabès en évolution. Il faudrait pour soutenir pareille hypothèse prouver qu'avant l'accident M... ne présentait aucune esquisse de symptômes tabétiques, ce qui est absolument impossible et ce qui est en outre peu vraisemblable. »

Adoptant les conclusions de l'expert, le Tribunal de la Seine (4e chambre, 3e section), par un jugement en date du 3 janvier 1911, débouta le sieur M...

II

Le sieur M... a interjeté appel de ce jugement et a produit devant la cour une consultation du docteur B..., qu'il y a lieu de transcrire en entier.

Cette consultation est ainsi libellée :

« Je soussigné, docteur en médecine, après avoir examiné M. M..., demeurant à Paris, certifie ce qui suit :

« M. M... présente les signes caractéristiques du tabès : incoordination motrice très accentuée, abolition des réflexes rotuliens, signe de Romberg. Il présente actuellement le signe d'Argill-Robertson. Ces troubles constituent pour M... une incapacité permanente de travail. A l'époque où est survenu l'accident, M... exerçait la profession de fumiste et montait constamment sur les toits, cette circonstance exclut l'idée qu'il fût atteint de troubles médullaires avant l'accident. La rapidité de l'évolution des troubles médullaires constitue une prescription formelle d'une relation entre les troubles et l'accident. Il s'agirait donc, dans ce cas, d'un tabès traumatique, fait en rapport avec des observations analogues publiées par différents auteurs et dont j'ai vu également des exemples. Je n'hésite donc pas à m'inscrire en faux contre l'appréciation du docteur Thoinot déclarant que le tabès ne saurait avoir en aucun cas une origine traumatique. »

Signé : Dr B...

Paris, le 7 mars 1911.

En outre, le docteur C..., présent à notre expertise, nous a remis deux consultations délivrées à M...

L'une, le 17 mars 1911, par un groupe de médecins MM. X... C... X... X... X... X...

L'autre à la date du 22 mai 1911 par un groupe de médecins du Syndicat de la Seine. Docteurs X... X... X... X... X... et X...

Nous croyons devoir reproduire *in extenso* ces deux pièces :

1° « Les médecins soussignés certifient que, le 17 mars 1911, à 6 heures du soir, s'est présenté devant eux une personne qui a déclaré se nommer M..., 46 ans, exerçant la profession de fumiste, demeurant à Paris.

« M. M... déclare que, le 8 septembre 1909, il a été renversé par une automobile qui lui aurait passé sur la hanche gauche et le flanc gauche et que, transporté à l'hôpital de la Charité, où il serait resté deux jours sans connaissance, il aurait rendu du mœlena pendant les jours qui suivirent l'accident. Depuis cette époque, il se plaint d'éprouver des douleurs au ventre, dans le dos, en ceinture et de la faiblesse dans les jambes, surtout prononcée à gauche.

« De notre examen de M..., il résulte que celui-ci présente les signes caractéristiques du tabès : incoordination motrice des membres inférieurs et supérieurs surtout marquée au membre contusionné, c'est-à-dire au membre inférieur gauche, signe de Romberg, abolition des réflexes rotuliens, signe d'Argyll-Robertson.

« Nous ne trouvons rien dans les antécédents ou l'état actuel du blessé qui nous permette de soupçonner chez lui soit la syphilis, soit l'alcoolisme. Est-il possible d'établir une relation de cause à effet entre le tabès et l'accident de septembre 1909? Au point de vue théorique, l'expert Thoinot conteste l'origine traumatique du tabès. Nous ne sommes pas de son avis, d'accord en cela avec bon nombre d'auteurs.

« Vulpian, dans ses *Maladies du système nerveux*, signale le traumatisme de la moelle comme cause du tabès. Dans les *Archives de physiologie* (1880), p. 396, Strauss relate une observation dans laquelle le tabès a paru quatre mois après l'accident.

« Spillmann et Parisot, dans la *Revue de médecine* (1888), donnent quelques observations de tabès traumatique et en particulier celles de Lecorché et Talamon, où le délai d'apparition des symptômes tabétiques a été de quelques semaines dans l'observation II, p. 193; de 2 mois, dans l'observation III, page 194.

« Séaux, de Liège, dans le *Journal de neurologie*, 1900 (p. 201), à propos d'une observation dont le début du tabès a eu lieu 3 mois après le traumatisme, a fait un article intitulé « Tabès et Traumatisme », dans lequel il examine le côté médico-légal du tabès traumatique.

« Il dit notamment : « Si le traumatisme ne suffit pas pour créer de toutes pièces le tabès, en certains cas, il joue pourtant un rôle dans sa production et dès lors la victime peut élever des revendications en dommages et intérêts. » Plus loin il ajoute : « Sans le traumatisme le blessé aurait été capable de travailler pendant de longues années encore et c'est l'accident qui en venant agir comme cause occasionnelle a déterminé ou tout au moins hâté l'éclosion de la maladie. »

« Donet, dans sa thèse de Nancy (1901), donne de nombreuses observations de tabès traumatique, dont plusieurs sont survenus peu de temps après le traumatisme. C'est ainsi que le tabès apparut 3 mois après l'accident dans l'observation VI de Mendel, p. 34, un mois après dans l'observation IX de Lockhart-Clarke, p. 40, peu de temps après dans l'observation X de Ball, p. 41, et dans l'observation XI de Petit, même page, quelques temps après dans l'observation XXXIV de Horn, p. 59, quelques mois après dans l'observation XXXV de Horn, p. 59, et dans l'observation XXXVII de Charcot, p. 60, un mois après dans l'observation XXXVIII de Vincent, p. 60.

« Gauraud, dans sa thèse de Bordeaux (1902), relate plusieurs observations dues à l'obligeance du professeur Pitres et concluant à l'origine traumatique du tabès.

« Le professeur Leyden, dans *la Médecine Scientifique* de juin

1903, reconnait que le traumatisme joue souvent un grand rôle dans l'étiologie du tabès. Il cite dans son article plusieurs observations de Hitzig, de Schmaus, de Lemke, et particulièrement les expériences de Lazarus sur des lapins. Il dit notamment : « Lazarus appliquait sur l'échine de plusieurs lapins une planche sur laquelle il donnait plusieurs coups de marteau et constatait dans la suite l'apparition d'une parésie surtout du train postérieur. A l'autopsie, il reconnaissait les lésions habituelles du tabès. »

« Raymond, Charcot, Dieulafoy sont aussi d'avis que le tabès peut avoir une origine traumatique. Dans le *Manuel de Pathologie interne* de Dieulafoy, p. 320, il est dit que « le traumatisme joue un rôle important dans le développement du tabès et les premiers symptômes ont plusieurs fois apparu après une chute ou une violente contusion. »

« Au point de vue théorique on peut donc contester l'opinion de l'expert Thoinot tendant à dire que l'origine traumatique du tabès n'est admise que par de rares auteurs. Dans le cas de M..., peut-on dire que le tabès n'existait pas avant l'accident et que c'est le traumatisme qui a occasionné le tabès ?

« Nous sommes effectivement de cet avis et nous en donnons les preuves suivantes :

« 1° *Etat de santé du blessé.* — M..., chez qui nous ne trouvons aucun symptôme permettant de dire qu'il est syphilitique ou alcoolique, jouissait d'une bonne santé avant son accident; ce n'est que depuis le traumatisme de 1909 qu'il a ressenti les troubles douloureux et les troubles de motricité caractéristiques du tabès

« 2° *Certificats de patrons.* — M... nous présente trois certificats de patrons qui l'ont successivement occupé de 1896 jusqu'au jour de l'accident; tout particulièrement celui de Mme E..., qui a occupé en dernier lieu M..., mentionne que son employé montait journellement sur les toits. Il est très difficile, dans ces conditions, d'admettre que M... ait pu présenter un trouble d'incoordination motrice, quelque léger soit-il.

« 3° *Certificats médicaux.* — a) La note du docteur L..., en date du 16 septembre 1909, ne fait nullement allusion à la présence de signes tabétiques. Ce n'est que dans la note du 7 octobre 1909 de ce même docteur L... qu'il sera constaté pour la première fois des troubles paralytiques qui n'existaient pas antérieurement.

« β) Le certificat d'hôpital du 20 septembre 1909 est aussi muet sur la présence des signes tabétiques. Pourtant M... est resté douze jours en traitement à l'hôpital, par conséquent soumis à une surveillance journalière du chef de service, des internes et du personnel; les signes auraient-ils donc passés inaperçus ?

« γ) Le docteur Méry, médecin des hôpitaux, dans un certificat daté du 22 octobre 1909 reconnait que M... est atteint de violentes contusions entrainant une incapacité permanente et partielle, mais ne fait aucune mention de signes tabétiques. Il est vrai que, dans une note datée du 20 octobre 1909, le docteur Méry écrit qu'il constata des signes tabétiques au cours de ses deux examens du blessé faits les 8 et 20 octobre 1909. Mais alors pourquoi ne pas en avoir fait mention dans le certificat rédigé deux jours plus tard, c'est-à-dire le 22 octobre 1909 ?

« δ) Le docteur M..., dans son certificat du 25 octobre 1909, constate des symptômes tabétiques qu'il croit pouvoir rattacher au traumatisme,

« ε) Enfin le docteur B..., dans un certificat en date du 7 mars 1911, déclare qu'il y a une relation manifeste entre le tabès présenté par M... et l'accident dont il a été victime, étant données la profession antérieure de l'ouvrier et la rapidité d'évolution de ce tabès.

« Conclusions. — M... présente des signes évidents et caractéristiques de tabès. M... ne présentait pas de tabès avant son accident. Rien dans ses antécédents ne pouvait faire prévoir l'apparition de cette maladie. Son travail journalier sur les toits excluait la possibilité de la présence des signes manifestes du tabès.

« Le traumatisme de septembre 1909 a été la cause déterminante du tabès de M... Les divers certificats médicaux antérieurs à la date du 7 octobre 1909 ne mentionnant aucun symptôme tabétique; ce n'est qu'à partir de cette date que les symptômes apparaissent pour la première fois. M... est donc atteint du fait de son accident d'une incapacité permanente grave.»

Paris, le 17 mars 1911.

2° « Nous, soussignés, docteurs en médecine de la Faculté de Paris, réunis en séance de la Commission d'examen des blessés du travail du Syndicat des médecins de la Seine, au siège social, les 6 et 23 avril 1909, avons examiné M...

« Cet ouvrier fumiste a été, le 8 septembre 1909, étant au service de M. E..., son patron, renversé par une automobile qui aurait passé sur lui en l'atteignant au niveau de l'aine de la hanche gauche et des reins. Cet accident n'a pas d'ailleurs produit des conséquences immédiates graves en dehors du mælena et d'une perte de connaissance. Ni l'accident, ni ses conséquences immédiates ne sont d'ailleurs niés, ni discutés par aucune des parties en cause.

« Actuellement M... présente des signes indiscutables de tabès. Cette affection est également admise par les parties en cause et par M. l'expert Thoinot.

« La question qui se pose est celle de la relation de cause à effet entre l'accident et le tabès actuel.

« M. Thoinot nie relation en se basant sur les raisonnements suivants :

« 1° Le tabès n'est jamais d'origine traumatique;

« 2° M... a présenté, quelques jours après son accident, une parésie des membres inférieurs qui démontre que les lésions médullaires étaient depuis longtemps constituées au moment de l'accident.

« L'examen des faits, l'examen des troubles morbides présentés par le blessé et de leur évolution permet d'infirmer les assertions de l'expert.

« Ce sont surtout les signes médullaires du tabès qui ont évolué rapidement; les signes oculaires sont à l'heure actuelle peu accentués, car les pupilles réagissent encore à la lumière quoique faiblement, surtout à gauche. Il est logique de penser qu'ils ne se sont manifestés qu'après l'apparition des troubles médullaires. Or il n'y a aucun indice que ceux-ci existassent avant l'accident, puisque l'ouvrier a pu exercer jusqu'à cette époque sa profession de fumiste, qui l'obligeait à monter sur les toits et à conserver la nette sensation de l'équilibre. D'ailleurs ils n'ont pas été indiqués dans les certificats médicaux avant le 7 octobre 1909.

« Au point de vue théorique il est certain que plus de 20 auteurs reconnaissent au tabès une origine traumatique dans un nombre important de cas. Cette proposition est formellement établie par le rapport du docteur C...

« Même en admettant la thèse la plus défavorable au blessé, à savoir un tabès fruste antérieur à l'accident et ne le gênant en aucune façon dans l'exercice de sa profession, il est pour nous évident que le traumatisme a exercé une action décisive sur la rapidité d'évolution de cette maladie.

« Nous concluons donc que M... est atteint du fait de son accident d'une incapacité permanente partielle grave.

Paris, le 22 mai 1911.

III

L'examen que nous avons fait de M... montre un tabès indubitable avec incoordination motrice, abolition des réflexes, inégalité pupillaire, signe d'Argyll-Robertson.

Deux symptômes sont à consigner outre les symptômes tabétiques proprement dits :

Le sieur M... présente une légère dilatation aortique ; la percussion à droite du sternum décèle une zone de matité pathologique ; en outre le premier bruit à la base est sourd.

Il a de la dysarthrie évidente et a prononcé avec une difficulté certaine, dans un premier essai, les mots d'épreuve bien connus ; dans un second essai, les mots ont été mieux articulés avec seulement un peu d'hésitation.

IV

Nous avons réuni tous les éléments d'information, passons maintenant à la discussion. Et d'abord qu'il nous soit permis un mot de discussion théorique, puisqu'aussi bien les consultations fournies au sieur M... ont ouvert cette discussion.

Le docteur B... fait dire au premier expert, le docteur Thoinot, que le tabès ne saurait avoir en aucun cas une origine traumatique et la consultation des médecins du Syndicat de la Seine reproduit cette affirmation avec la même netteté : « M. Thoinot, disent-ils, nie relation en se basant sur les raisonnements suivants :

« 1° Le tabès n'est jamais d'origine traumatique. »

. . . .

Or la phrase textuelle de M. Thoinot dans son rapport est celle-ci :

« Au point de vue théorique tout d'abord, l'origine traumatique du tabès est fort contestable et contestée par la plupart des auteurs. »

Cette phrase, qui énonce une opinion médicale courante dans le monde des neurologistes actuels, a subi, comme on le voit, en passant par la plume de M. B... et celle du Syndicat des Médecins de la Seine, une singulière déformation.

Nous devons d'ailleurs éclairer la Cour sur le débat théorique.

Le tabès dorsal actuel, l'ancienne ataxie locomotrice, a été, depuis sa création clinique par Duchenne de Boulogne jusqu'à une époque récente, une affection à étiologie très obscure et le traumatisme y a figuré tout comme le refroidissement, le rhumatisme, l'hystérie, les excès vénériens, le coït debout, la suppression des sueurs. Et si l'on veut aller chercher dans la littérature ancienne — nous entendons celle qui remonte à 10 ou 15 ans, — des exemples de tabès traumatique comme de tabès *a frigore*, de tabès par excès vénériens, etc..., on en trouvera ample moisson.

Or c'est ce qu'a fait la consultation délivrée à M... le 17

mars 1911 et ce qu'a contresigné sans plus ample vérification et sans l'ombre d'une critique la consultation du Syndicat des Médecins de la Seine dans cette phrase que nous transcrivons : « Au point de vue théorique, il est certain que plus de 20 auteurs reconnaissent au tabès une origine traumatique dans un nombre important des cas. Cette proposition est formellement établie par le rapport du docteur C... »

Mais les opinions ont changé du jour où Fournier et Erb ont, il y a quelque trente ans, introduit la notion de la syphilis, facteur du tabès.

Accueillie tout d'abord avec quelque scepticisme, cette vérité a fait son chemin et aujourd'hui la syphilis est pour quelques-uns des neurologistes la *seule* condition étiologique du tabès dorsal; elle en est pour tous la conception étiologique dominante et de très loin.

Les recherches poursuivies depuis l'application de la réaction de Wasserman au diagnostic rétrospectif de la syphilis n'ont fait qu'accentuer la vérité de la doctrine du tabès syphilitique.

Quant au traumatisme il a, comme tous les facteurs banaux invoqués avec lui, perdu singulièrement du terrain ; parmi les neuropathologistes actuels, combien croient encore à son action !

Les consultants qui ont fourni à M... les mémoires ci-dessus reproduits seraient convaincus du peu de crédit qu'a aujourd'hui le tabès traumatique s'ils avaient dépouillé les discussions récentes dans les sociétés savantes ou les mémoires les plus nouveaux. Un très intéressant travail de Ladame, de Genève (1910), paru dans *l'Encéphale*, p. 208, par exemple, leur aurait montré que ni la discussion clinique sérieuse des cas de soit disant tabès traumatique publiés comme tels, ni les considérations anatomo-pathologiques, ni les faits expérimentaux ne peuvent aujourd'hui étayer sérieusement la doctrine du tabès créé par le traumatisme. Et c'est vraiment manquer de critique scientifique que de citer à l'appui de la doctrine du tabès traumatique, comme l'ont fait MM. les consultants, une thèse de Gauraud (Bordeaux, 1902) où l'on trouve comme exemples de tabès traumatique des faits empruntés à Topinard (1864),

Petit (1879), Mauquié (1868), Delamare (1880). Autant vaudrait, toutes proportions gardées, dans une discussion à l'époque actuelle sur les causes véritables d'une maladie infectieuse, faire valoir l'étiologie *à frigore*, par émotion morale, par traumatisme, etc.., en s'appuyant sur des exemples empruntés à des travaux datant d'avant Pasteur.

Le côté théorique général étant vidé, il faut en venir au cas de M... et discuter les espèces suivantes :

1° Le cas de M...rentre-t-il dans la catégorie ordinaire, c'est-à-dire est-il un tabès d'origine syphilitique ?

2° S'il ne peut reconnaître pour cause vraie le traumatisme, peut-il du moins le reconnaître pour cause occasionnelle, ce qui, en pratique d'accident du travail, est la même chose ?

3° Enfin, à défaut d'autre chose, s'agit-il d'un tabès aggravé par le traumatisme ?

1° *Le cas de M... rentre-t-il dans la catégorie ordinaire, c'est-à-dire est-il un tabès d'origine syphilitique?*

M... nie tout antécédent syphilitique et le fait évidemment de fort bonne foi; mais les syphilis méconnues surtout par les personnes de la classe ouvrière sont nombreuses et plus d'une fois l'examen médical les a décelées comme base du tabès, de la paralysie générale, etc..., alors que le patient se croyait réellement indemne de toute tare syphilitique.

Pour dépister rétrospectivement la syphilis méconnue, nous possédons depuis quelque temps un moyen de diagnostic précieux : c'est la réaction de Wasserman. Sans doute, elle n'est pas infaillible et quand elle est négative elle ne décide ni pour ni contre, mais quand elle est positive, elle donne une forte présomption de syphilis antérieure chez le sujet.

Nous avons fait proposer à M... par son avoué, Me R..., de subir l'épreuve de Wasserman, estimant que de ce fait il ne courait aucun danger. Me R... nous a fait connaître que M... refusait notre proposition et voici la lettre par laquelle il a motivé son refus :

Mon cher Maître,

« Je me vois obligé de refuser de me livrer à l'expérience que l'expert me propose. Vous comprendrez bien que depuis deux ans que je mène une vie de misère et de privations je suis trop affaibli pour pouvoir supporter une opération de la sorte. Je suis presque constamment alité, un jour bien, un jour mal. Et de plus je me suis informé auprès de plusieurs médecins qui me déconseillent plutôt en me donnant à entendre que je ne supporterai pas cela étant donné mon état de faiblesse. Et puis comment se fait-il qu'ils ne m'ont pas offert une telle chose dès le début de l'affaire depuis si longtemps que cela dure? Non, la chose est impossible. Du reste avec les certificats de quinze médecins et trois de travail, enfin tous les documents nécessaires à l'affaire.

« Je laisse le soin à M. le président et à vous, mon cher maître, de statuer sur mon malheureux sort.

« Recevez, etc... »

Nous ne pouvons que regretter la décision de M...

Mais à défaut de l'épreuve de Wassermann l'examen clinique pur ne reste pas désarmé pour le diagnostic d'une syphilis rétrospective et nous avons à notre examen trouvé des symptômes de valeur qui ne sont pas sans laisser quelques soupçons sur la possibilité d'une syphilis antérieure chez M... Ce sont :

a) L'aortite légère, mais indiscutable à notre avis ; une aortite chez un sujet jeune comme M... est considérée à bon droit comme ayant toutes chances d'être un stigmate de syphilis;

b) La dysarthrie, symptôme nouveau chez le blessé, qui indique un processus pathologique nerveux plus léger encore que celui du tabès pur et ajoute au soupçon de lésion spécifique des centres nerveux.

On peut donc soupçonner, si on ne peut le démontrer, que le tabès de M... rentre dans le cadre ordinaire, c'est-à-dire a son origine étiologique dans une syphilis antérieure.

2° *Le tabès de M... peut-il reconnaître le traumatisme comme cause sinon réelle et vraie, du moins occasionnelle, ce qui est la même chose en pratique des accidents du travail?*

Réservant toute opinion scientifique nous admettrons le tabès traumatique, c'est-à-dire ayant pour cause occasionnelle le traumatisme, pour un sujet chez lequel, après un traumatisme, on verrait se développer dans les mois qui suivent l'accident et suivant le mode progressif habituel au tabès les symptômes caractéristiques de l'affection qui pourrait arriver ainsi après 6 mois, un an par exemple, à être constituée avec ses éléments majeurs.

Mais M... était tabétique confirmé et bien confirmé dès le 8 octobre (examen du docteur Méry) (1), dès le 25 octobre (examen du docteur M...).

Or pour faire un tabétique confirmé avec les symptômes d'incoordination motrice qui sont des symptômes seulement de la deuxième phase d'évolution de la maladie, il faut dans les cas ordinaires une ou plusieurs années et dans les cas très exceptionnels dits à marche rapide au moins quelques mois.

Et l'on voudrait que chez M... ce tabès se fût constitué d'emblée avec ses grands signes, y compris ceux d'ataxie EN UN MOIS sous l'influence du traumatisme.

C'est tomber dans l'erreur grossière qui a été commise parfois à propos de la paralysie générale, maladie si voisine du tabès dans son origine intime et dans son processus par ceux qui, voyant une paralysie générale constituée au complet en un mois après un traumatisme, ont voulu soutenir que celui-ci avait causé la paralysie générale.

Nous ne sommes plus ici dans le domaine de la médecine scientifique, mais dans celui de la pure discussion tendancieuse. La logique médicale, ce que nous savons de l'évolution du tabès, même dans les cas les plus rapides, nous autorisent à énon-

(1) C'est par suite d'une erreur matérielle reconnue par lui lors de l'expertise du 18 novembre 1911, que le Dr C..., auteur de la consultation du 17 mars 1911, écrit : « Le Docteur Méry, médecin des hôpitaux, dans son certificat daté du 22 octobre 1909, reconnait que M... est atteint de violentes contusions entraînant une incapacité permanente et partielle, mais ne fait aucune mention des signes tabétiques. Il est vrai que, dans une note datée du 20 octobre 1909, le Docteur Méry écrit qu'il a constaté des signes tabétiques au cours de ses deux examens du blessé faits les 8 et 20 octobre 1909, mais alors, pourquoi ne pas en avoir fait mention dans le certificat rédigé 2 jours plus tard, c'est-à-dire le 22 octobre 1909 ? »

cer que le tabès de M... n'a pas eu le traumatisme du 8 septembre pour cause occasionnelle.

3° *S'agit-il enfin, à défaut d'autre chose, d'un tabès aggravé par le traumatisme?*

C'est l'hypothèse qu'admet,dans le cas le plus favorable, la consultation émanant des médecins du Syndicat de la Seine, plus prudente, au moins sur ce point, que celle du 17 mars 1911.

Pour juger une aggravation d'un état antérieur par le traumatisme il faut :

a) Connaître exactement quel était cet état antérieur;

b) Etre bien certain que, en dehors du traumatisme, sans son appoint, l'état antérieur ne se serait pas aggravé spontanément,naturellement,du fait de sa seule évolution.Or, de l'état antérieur de M... nous ne connaissons rien. Le blessé nous dit, il est vrai, qu'il travaillait normalement et il produit des certificats qui énoncent seulement le fait de son emploi chez divers patrons et entr'autres chez E..., du 27 mai 1909 au 8 septembre 1909.

Dans ce dernier certificat est intercalée,il est vrai et évidemment ajoutée après coup, la mention « travaillant journellement sur les toits ».

Les certificats ne sauraient valoir un examen médical. Ils ne signifient en rien que M.. ne présentait pas déjà des symptômes de tabès qu'un médecin eût pu déceler aisément.

Il ne présentait pas vraisemblablement une incoordination motrice marquée et c'est là tout ce qu'on peut induire en bonne logique.

Mais c'est vraiment se faire du tabès dorsal une idée singulière que de faire consister cette affection uniquement en des symptômes d'incoordination motrice *qui ne sont pas et de bien loin les premiers en date* et qui peuvent manquer ou demeurer frustes dans les tabès les mieux confirmés.

Et puis dans tout tabès évoluant progressivement et comptant parmi ses symptômes l'incoordination motrice, il arrive un moment où celle-ci, de légère qu'elle était encore, c'est-à-dire ignorée du malade et de son entourage, devient manifeste aux yeux de tous par ses progrès; cela arrive naturellement sans aucune intervention étrangère chez l'immense majorité des tabétiques. Aussi peut-on demeurer quelque peu sceptique dans un cas donné, sur l'efficacité d'un facteur étranger dont l'incoordination motrice n'a nul besoin pour se révéler.

Que le traumatisme ait pu agir dans le cas de M..., qu'il ait révélé les symptômes moteurs, cela est possible. Que ce soit démontré, c'est une autre question.

Nous pouvons de tout cet exposé tirer les réponses aux questions posées par la Cour et nous disons :

1° *Quel est l'état actuel de M...?*

M... est atteint de tabès dorsal nettement caractérisé.

2° *Fixer la date des premières manifestations de l'affection dont il est atteint?*

Il est absolument logique de présumer que les premiers symptômes vrais du tabès dont souffre M... remontaient à une époque antérieure à l'accident du 8 septembre, puisqu'à cette époque il présentait un tabès confirmé avec symptômes d'incoordination motrice nets, qui ne sont pas, en règle, des symptômes du début dans cette affection d'évolution si lente en général.

Il nous est d'ailleurs impossible de fixer l'époque peut-être fort éloignée à laquelle l'affection a réellement débuté chez M..., car elle a pour habitude d'exister souvent depuis fort longtemps chez le malade sans que son entourage ou lui-même en ait le moindre soupçon.

3° *Déterminer les causes du tabès de M...?*

On peut soupçonner à bon droit que le tabès de M... rentre dans la catégorie ordinaire (origine syphilitique), mais non le démontrer de façon certaine.

L'examen des circonstances du cas de M... permet de dire que le traumatisme du 8 septembre 1909 n'a pas été la cause occasionnelle du tabès qui logiquement préexistait ici.

Enfin on peut admettre que ce traumatisme a aggravé le tabès préexistant, mais la démonstration péremptoire d'une telle influence n'est pas possible.

Paris, février 1912.

Dans le cas que nous venons de rapporter, les experts n'ont pas considéré comme démontré le rôle de l'accident. Dans les cas où il en est autrement, c'est-à-dire dans ceux où le rôle aggravant du traumatisme paraît démontré, l'expert considérera comme de médiocre importance que son rôle direct ou indirect soit prépondérant ou secondaire et appréciera seulement la réduction de capacité professionnelle de l'ouvrier en dehors de toute considération théorique d'après l'état fonctionnel du blessé.

En appliquant ces notions, l'expert, tout en n'abdiquant aucune de ses prérogatives et en demeurant ce qu'il doit rester avant tout : médecin, apportera au juge l'aide précieuse que sa confiance attendait de lui.

CHAPITRE V

Observations

1° Traumatisme central.

OBSERVATION I. — W. HORN, *in* STEINTHAL, *Journal de Hufeland*, p. 21, 1811.

Homme de trente-sept ans. Chute de cheval. Reste plusieurs heures sans connaissance. Pas de symptômes morbides à la suite. L'hiver suivant, accès de douleurs et de crampes dans les membres inférieurs, puis engourdissement dans les jambes; démarche incertaine, chancelante. Horn diagnostiqua un tabès traumatique.

OBSERVATION II. — CHARCOT. *Communication orale* (cité par GAURAUD).

Le professeur Charcot eut à soigner un jeune officier de cavalerie âgé de 28 ou 30 ans, qui, dans une chute de cheval, était tombé sur le dos. Ataxie quelques mois après. Charcot pense qu'elle a pu être occasionnée par la chute.

OBSERVATION III. — LOCKHART-CLARKE, *Brit. med. Journ.*, 15 juillet 1876, page 77.

W. A..., 42 ans, reçut il y a 4 ans une violente contusion dans les reins en voulant monter en wagon pendant que le train était en marche. Perte de connaissance quelques minutes, séjour au lit pendant un mois. Au bout de ce temps, symptômes d'ataxie.

Observation IV. — Eulenburg, *Virch. Archiv.*, 1885.

F. N..., blessé d'un coup de sabre à la tête à Gravelotte. Sans connaissance pendant plusieurs heures. Au commencement de novembre 1870, tabès incipiens.

Observation V. — Craig, cité par Bernhard, *Neurol. Centralblatt*, 1890.

Homme ayant subi, à la suite d'une chute légère, une perte de connaissance de 20 minutes. Après quelques mois, ataxie très nette des bras et des jambes, abolition des réflexes patellaires, crises gastriques et anales ; pas de troubles oculaires.

Observation VI. — Hitzig, *Neurol. Centralb.*, 1894.

Homme 55 ans, conducteur de train. Pas de syphilis, pas d'alcoolisme. En 1884, entorse du genou droit. En 1892, accident de chemin de fer : le malade est fortement effrayé et subit une violente secousse de bas en haut. Quelques jours plus tard, symptômes de névrose post-traumatique, lourdeur des jambes, froid aux pieds, nombreuses paresthésies.

En janvier 1893, Argyll-Robertson, ataxie considérable des deux jambes, signes de Romberg et de Westphall, et de multiples altérations de la sensibilité.

Observation VII. — E. Mendel, *Deut. med. Woch.*, 1897, n° 7.

Homme 42 ans. Nie la syphilis. Ethylisme. Le 16 avril 1891, chute de 9 mètres de haut, traumatisme dorso-lombaire. Ecchymoses disséminées notamment aux reins, hanche et cuisse droites. Reprend son travail 3 semaines et demie après. En juillet 1891, douleurs fulgurantes. Vers janvier 1892, troubles vésicaux, incontinence d'urine, puis démarche ataxique. En mai 1894, on porte le diagnostic de tabès.

Observation VIII. — Trommer, *Neurol. Centralb.*, 1898.

Homme chez lequel apparurent des douleurs dorsales après une chute de voiture sur le dos. Puis vinrent de l'hésitation dans la marche et finalement tous les symptômes de l'ataxie. Au point de vue étiologique, on ne peut incriminer ni la syphilis, ni l'hérédité nerveuse ; le traumatisme seul peut être invoqué.

Observation IX. — Seaux, *Journal de neurologie*, n° 11, 1900, Bruxelles.

E..., cocher, 33 ans. En mai 1897, chute violente de voiture. Perte de connaissance de 36 heures. Douleurs dans les lombes. Sensation de perdre ses jambes dans son lit. Crachement de sang, hématuries. Au bout de 2 mois, douleurs en ceinture et douleurs fulgurantes dans les membres inférieurs. En décembre 1897, apparition du signe de Romberg, abolition des réflexes rotuliens. Le 10 novembre 1899, pupille droite plus dilatée que la gauche, toutes les deux réagissent paresseusement à la lumière, promptement à l'accommodation. Erections rares ; parfois mictions involontaires. Marche nettement ataxique. Incoordination surtout à gauche. Force musculaire conservée. Pas de réactions de la plante des pieds au chatouillement. Réflexes crémastérien et rotulien abolis. Pas d'antécédents héréditaires, pas d'alcoolisme, pas de syphilis avouée.

Observation X. — Pitres, *in* Gaubaud, thèse Bordeaux, 1902.

P..., 44 ans, voyageur de commerce. Pas d'antécédents héréditaires. Gonorrhée à 19 ans. Jamais de chancre. En 1894, coliques hépatiques pendant 18 jours, ne se sont jamais reproduites. Pas d'élancements douloureux, aucune incertitude de la marche, pas de troubles oculaires. En octobre 1899, il est projeté d'un train sur le sol à 1 m. 50 environ. Perte de connaissance. Le docteur constate une entorse tibio-tarsienne gauche avec fracture du péroné. Immobilisation dans une gouttière. Quatre ou 5 jours après l'accident initial, difficulté à uriner. Quelques jours plus tard, picotements très brusques dans les reins à la hauteur des dernières vertèbres dorsales, sensations analogues dans la cuisse gauche. Depuis le jour de l'accident, P... a cessé d'avoir des érections. La vue de l'œil droit s'est notablement affaiblie.

Le 31 janvier 1900, marche impossible franchement ataxique. Signe de Romberg très net. Pupilles égales réagissant à l'accommodation, mais non à la lumière. Dans les deux yeux, léger myosis. Atrophie des nerfs optiques déjà fort accusée dans l'œil gauche (le moins malade), plus avancée dans l'œil droit. Réflexes testiculaires, rotuliens, plantaires abolis.

Observation XI. — Schittenhelm. — *Deusch. Zeitsch. f. Nervenheilk*, 1903.

Sch..., 40 ans, tailleur de pierre. Pas d'ant. héréditaires. Nie la syphilis de façon catégorique : 4 enfants vivants, une fille morte à 16 ans ; sa femme n'a pas fait de fausses couches. Pas d'éthylisme. Le 2 novembre 1883, un bloc de six quintaux lui érafla les mains et le visage. Il tomba par terre et resta sans connaissance pendant un temps assez court. Plaies ouvertes à la joue et à la main droites, on le soigne à l'hôpital ; il en sort guéri après trois semaines. Alors seulement il sent pour la première fois une faiblesse dans les jambes suivie bientôt de marche incertaine. En février 1891, il ne peut marcher qu'en se servant d'un bâton. Pas de troubles vésicaux. Sensation d'engourdissement et de fourmillement dans les pieds, dans le siège et dans le sacrum.

En décembre 1891, on fait les constatations suivantes : nutrition diminuée, pâleur de la peau ; pas de trace de syphilis. Cicatrices à la main droite. Pupilles réagissent à la lumière et à l'accommodation. Force musculaire diminuée dans les extrémités inférieures. Ataxie très prononcée des jambes et démarche ataxique. Abolition des réflexes tendineux. Affaiblissement des réflexes cutanés. Romberg très accentué. Anesthésie plantaire. Sensibilité diminuée à la douleur et à la température, surtout au visage et aux jambes. Faiblesse du sphincter vésical. En raison du tremblement des membres supérieurs et des troubles vasomoteurs, on hésite à porter le diagnostic de tabès, qui n'est définitivement posé qu'en 1901.

A cette époque, on note en outre un anévrysme de la crosse de l'aorte.

Observation XII. — Schittenhelm, *Deutsch. Zeitschrift f. Nervenheilk.*) 1903.

Jean O...,37 ans. Pas d'antécédents héréd. Pas de refroidissements, pas d'éthylisme, pas de maladies vénériennes. Marié à 25 ans. Six enfants en bonne santé; un mort de convulsions, deux de scarlatine. Sa femme n'a pas fait de fausses couches. En 1889, contusion de trois doigts de la main. Jamais malade jusqu'en 1897. A cette époque, le 31 mai, chute sur le pavé d'une hauteur de 1 m. 50. Il tombe sur l'occiput et reste 1/4 d'heure sans connaissance. Douleurs dans la nuque. Hémorragie nasale. Douleurs de tête. Vertiges. En juillet 1897, chute sur le genou gauche : gonflement. Depuis ce temps, douleurs lancinantes dans le genou, faiblesse constante.

En décembre 1897, marche incertaine, surtout dans l'obscurité. Diplopie.

Bourdonnements d'oreilles. Troubles urinaires. Aujourd'hui, douleurs de tête fréquentes. Vertiges. Douleurs lancinantes.

Faiblesse dans la main droite et le genou gauche. Miction douloureuse.

Il peut faire des mouvements de la tête dans toutes les directions, mais ils sont douloureux. La colonne vertébrale est intacte. Pas de signe de syphilis acquise. Mélancolie. Ataxie de la jambe gauche. Romberg faible. Diminution de la force dans le bras droit, dans la main droite et la jambe gauche; pas d'atrophie. Zone anesthésique en ceinture sur la poitrine se propageant sur la face interne du bras. Réflexes cutanés exagérés. Réflexes pupillaires abolis. Réflexes tendineux abolis dans les membres inférieurs. Réflexe crémastérien conservé.

Observation XIII. — Heurtfau, *in* Thoinot, *les Accidents du travail*, 1904.

Un sujet de dix-huit ans, sans antécédents morbides, subit un jour des accidents de décompression brusque par rupture d'un scaphandre. Il présente des symptômes immédiats de paraplégie. Et lorsque la paraplégie disparaît, deux ou trois mois plus tard, apparaissent des symptômes douloureux, gênants d'abord, fulgurants et lancinants plus tard dans les membres inférieurs, puis des troubles passagers de la vue, ensuite des troubles d'incoordination motrice pendant la marche, des crises viscérales gastriques et intestinales et enfin de la rachialgie, des constrictions thoraciques, des douleurs en ceinture, des troubles trophiques des dents, des ongles et de la peau, etc...

Observation XIV. — Nonne, *Monats. f. Unfallh.*, 1906.

T..., horloger, 39 ans. Pas de syphilis, pas d'éthylisme, pas d'antécédents héréditaires. Paludisme. Pendant son service militaire, scarlatine. Rhumatismes articulaires pendant 8 ans. Il y a 2 ans, il glissa sur un escalier de pierres et tomba sur le dos. Depuis ce temps, douleurs dans les jambes, surtout dans la région du genou. Il se fatigue plus vite après une longue marche, ne peut pas courir. De temps en temps, douleurs lancinantes dans les jambes, douleurs sourdes dans le dos. Un an plus tard, incertitude très nette des jambes et depuis 4 mois, troubles de la vessie : mictions involontaires. Réflexes patellaires et achilléens abolis. Ataxie modérée des jambes. Romberg. Hyperesthésie au froid dans le dos et à l'abdomen. Après un séjour de six semaines à l'hôpital, il fut renvoyé dans un état subjectivement amélioré et objectivement stationnaire.

Observation XV. — Nonne, *Monats. f. Unfallh.*, 1906.

Homme de 48 ans. Pas de syphilis. Pas d'éthylisme. Chute à bord d'un bateau. Pas de signes de blessures à la tête ni d'ébranlement cérébral, mais contusions étendues sur le dos. On le traite pendant quelques semaines à l'hôpital, après quoi il retourne à son travail. Deux mois après, il se plaint de douleurs et de raideur dans le dos. Les mouvements actifs et passifs de la colonne vertébrale dans la partie dorsale sont difficiles. Deux mois plus tard, douleurs lancinantes, paresthésie des extrémités inférieures. Abolition des réflexes patellaires et achilléens. Pupilles inégales et réagissant mal. La raideur du dos avait augmenté. Légère cyphose dorsale. Ataxie et troubles urinaires.

Observation XVI. — K. Mendel, *Monats. f. Psyc. u. Neurol.*, 1908.

R. S., 53 ans, porteur de pierres. Fracture du fémur droit datant de 8 ans. Excès vénériens. Nie la syphilis. Sa femme n'a pas eu d'enfants; pas de fausses couches. On trouve chez cette dernière une mydriase bilatérale, un défaut de réaction à la lumière et à l'accommodation, une ophtalmoplégie interne probablement d'origine syphilitique. Avant le traumatisme, R... n'a jamais été malade. Le 27 octobre 1900, une poutre lui tombe sur la tête. Il reste deux minutes sans connaissance. Le lendemain, maux de tête allant en augmentant. Le 14 mars 1901, examen négatif. Le 4 avril 1901, inégalité pupillaire, réaction pupillaire faible, diminution des réflexes. En août 1901, on apprend que les douleurs ont augmenté depuis le traumatisme et que sa vue a toujours diminué.

Examen objectif : Atrophie des nerfs optiques; faible réaction des pupilles à la lumière. Signe de Romberg. Abolition du réflexe achilléen. Réflexe patellaire droit très faible, gauche exagéré. Ataxie et hypoalgésie dans les membres inférieurs (orteils).

Diagnostic. — Tabès dorsal avec atrophie des nerfs optiques.

Observation XVII. — Kurt Mendel, *Monatsch. f. Psych. u. Neurol.*, 1908.

K. D..., comptable, 53 ans. Pas d'éthylisme. Syphilis en 1861. En 1870, dans les jambes douleurs rhumatismales récidivantes.

Le 28 décembre 1896, il tombe dans un escalier et reste sans connaissance pendant plusieurs heures. Le lendemain, douleurs de tête du côté droit.

On diagnostique à l'hôpital une commotion cérébrale

Le 23 janvier, on constate : inégalité pupillaire, abolition des réflexes pupillaires. Romberg très net. Troubles sensitifs très prononcés dans les membres inférieurs. Abolition des réflexes patellaires.

Le 28 décembre, mêmes symptômes, troubles urinaires et depuis 3 mois, impuissance virile, par conséquent tous symptômes caractéristiques du tabès.

Observation XVIII. — Kurt Mendel, *Monats. f. Psych. u. Neurol.*, 1908.

J. Sch..., 35 ans, pilote. Chancre en 1894. En octobre 1902, rhumatisme. Le 5 janvier 1903 tombe d'une hauteur de 14 pieds. En avril 1903, démarche pesante, est obligé de se reposer souvent. En août 1903, on diagnostique tabès avec arthropathie du genou gauche des plus graves.

Observation XIX. — Kurt Mendel, *Monats. f. Psych. u. Neurol.*, 1908.

V. H..., charpentier, 55 ans. Depuis 1870-71, rhumatisme répété dans les jambes. Trauma le 28 novembre 1898. Un éclat de bois l'atteint au front ; il tombe sur le sacrum et l'occiput. Le jour suivant, abolition du réflexe pupillaire, réflexe patellaire faible. Ebauche de Romberg. Atrophie du nerf optique gauche.

Le 29 décembre 1898, myosis, abolition du réflexe pupillaire, atrophie du nerf optique des deux côtés. Réflexe patellaire à droite exagéré, à gauche très faible.

Observation XX. — Kurt Mendel, *Monats. f. Psych. u. Neurol.*, 1908.

J. S..., frotteur, 42 ans. Nie la syphilis. Depuis 1890, douleurs rhumatismales surtout dans l'épaule gauche. Il y a 8 ou 10 ans, fracture du fémur gauche. Guérison. Vomissements répétés. Myopie progressive. En 1899, les douleurs augmentent et lui arrachent des cris pendant la nuit. Peu à peu faiblesse des jambes et le 7 octobre 1899 démarche ataxique. Abolition des réflexes patellaires ; les pupilles ne réagissent pas.

Le 9 mars 1900, tabès avancé.

S... a subi un trauma le 8 décembre 1897. Un bloc de fonte lui tomba sur la colonne vertébrale, il éprouva des douleurs en se baissant. Les phénomènes s'accentuèrent les jours suivants et bientôt parurent des douleurs dans les jambes.

En octobre 1899, tabès typique.

Observation XXI. — Lassignardie, *Bulletins et Mémoires de la Société française d'ophtalmologie*, 1909.

Le 17 septembre 1907, M. D..., 57 ans, manœuvre, traversait la voie pour se rendre à son travail sur le quai voisin, quand un wagon de marchandises laissé sur les rails le prit en écharpe à la hauteur de la région lombo-sacrée, de telle sorte qu'il fut violemment comprimé entre le mur et le wagon. D... put, avec l'aide d'un camarade, se rendre à l'hôpital situé à 300 mètres du lieu de l'accident. De là, après les premiers soins, il fut transporté chez lui en voiture. Le médecin constata une érosion au niveau de la crête iliaque gauche et des traces de contusion s'étendant transversalement dans le dos vers la colonne vertébrale. Le deuxième jour, vaste ecchymose occupant toute la région sacrée, le haut de la région fessière des deux côtés et descendant jusqu'au pli de l'aine à droite et à gauche à l'endroit où le traumatisme avait été le plus violent. Très rapides ment survinrent : douleurs en ceinture, œdème des jambes, dyspnée, incontinence d'urine, tremblement généralisé. Malgré tout le blessé peut se lever le 5e jour et marcher avec des béquilles. La dypsnée ne fut que passagère, mais les autres troubles persistèrent ; quelques-uns même, comme l'œdème des jambes, s'accentuèrent. En novembre, c'est-à-dire deux mois après, on nota pour la première fois que la pupille gauche était plus resserrée que la droite et que les réflexes rotuliens étaient nuls des deux côtés.

Comme l'état de D... ne s'améliorait pas rapidement et la Compagnie refusant de continuer à lui payer les soins, un procès fut engagé et une expertise ordonnée par le tribunal. Cette expertise eut lieu 5 mars 1908. Le médecin qui en fut chargé conclut à une « compression légère des racines antérieures » dont les symptômes étaient susceptibles d'amélioration et peut-être même de guérison. L'expert remarqua que la pupille gauche était rétrécie, mais n'y ajouta aucune importance. « Cette atrésie, disait-il dans son rapport, est probablement d'origine congénitale, car il n'y a pas de synéchies. »

Le signe d'Argyll fut recherché, mais son existence ne put être constatée. Des troubles de l'ouïe plus marqués à gauche attirèrent l'attention de l'expert; de même que pour les troubles pupillaires il ne les considéra pas comme pathologiques. Les conclusions de cette expertise n'ayant pas paru suffisamment précises au tribunal et la Compagnie prétendant par l'organe de son médecin que les troubles persistants devaient être attribués à l'alcoolisme, et non au traumatisme, une nouvelle expertise fut ordonnée. C'est à ce moment que le médecin qui en fut chargé me pria d'examiner le blessé au point de vue oculaire. Je procédai à cet examen au mois de janvier 1909 et voici ce que je constatai :

Œil gauche : Légèrement plus enfoncé que le droit, ce qui fait paraître la fente palpébrale un peu rétrécie. Tension du globe normale. Aucun signe d'inflammation des membranes. Pupille très petite, formant un contraste frappant avec la pupille de l'œil droit, qui présente un diamètre en rapport avec l'âge du blessé.

Le réflexe à la lumière n'existe pas. Le réflexe à l'accommodation existe d'une façon très nette. Le réflexe à la douleur est absent. La cocaïne (solution à 2 p. 100) ne paraît avoir aucune action sur la pupille. Des instillations répétées d'atropine (solution à 1 p. 200) produisent un effet à peine appréciable au bout de trois heures.

L'iris ne présente aucun signe d'inflammation; les milieux et les membranes internes sont normaux. Nerf optique a sa coloration normale. Le champ visuel n'est pas rétréci. Aucun scotome soit pour le blanc, soit pour les couleurs. L'acuité visuelle est de 2/3.

Œil droit : sensiblement normal, sauf en ce qui concerne

les réflexes pupillaires. Réflexe à l'accommodation conservé, mais le réflexe à la lumière est nul ou extrêmement faible. Réflexe à la douleur également supprimé. L'acuité visuelle est un peu plus faible que pour l'œil gauche, mais les milieux et le fond de l'œil sont absolument normaux.

La marche est pénible sans béquilles à cause de la raideur des jambes. Elle s'effectue en frappant le sol du talon et devient plus incertaine les yeux fermés. A l'occasion des mouvements, les jambes sont prises de tremblements, mais ils sont moins intenses que dans les premiers mois qui ont suivi l'accident. La pression sur la colonne lombaire détermine une douleur assez vive. Dans cette région, douleurs spontanées s'irradiant en ceinture. Les douleurs sont perçues le long des membres inférieurs, plus particulièrement à gauche, et présentent les caractères des douleurs fulgurantes.

Réflexes : Plantaire faible des deux côtés (le Babinski n'existe pas). Les réflexes des tendons d'Achille, rotuliens, mastériens et abdominaux sont abolis des deux côtés.

Sens génital aboli. Troubles de l'ouïe prédominant à gauche. Pas de troubles de la sensibilité cutanée.

Tous les autres organes sont sains.

Observation XXII. — P.-L. Ladame, *Le Tabès traumatique. L'Encéphale*, 1910.

Homme de 52 ans, de robuste santé. Une légère blennorragie à 17 ou 18 ans.

Aucun signe de syphilis antérieure. Sa femme est en bonne santé : elle a eu 3 enfants sains et bien portants, jamais d'avortements.

A la suite d'un grave accident de chemin de fer, qui coûta la vie à plusieurs personnes assises dans le même compartiment, il fut pris de troubles nerveux intenses ayant tous les caractères d'une névrose traumatique grave. Au lendemain de l'accident, le médecin constata des ecchymoses multiples assez étendues, une très forte contusion de la région lombaire avec commotion générale. Il y avait eu immédiatement après la catastrophe une perte complète de connaissance de courte durée, suivie pendant plusieurs heures d'un état d'inconscience crépusculaire pendant laquelle le blessé marcha automatiquement et fit diverses actions dont il perdit complètement le souvenir. Les maux de tête, vertiges, insomnies, douleurs dans le dos, sentiment d'extrême fatigue, incapacité de travail, tous ces symptômes de neurasthénie traumatique persistèrent plusieurs années avec des variations d'intensité assez grandes. Ils finirent cependant par s'amender peu à peu.

Quelques mois après l'accident, on découvre inopinément des symptômes manifestes d'un tabès fruste à l'état latent. Le malade avait une inégalité pupillaire datant de son enfance, qui n'avait donc aucune importance dans le cas particulier. On reçonnut en outre qu'il présentait nettement le signe d'Argyll-Robertson, tandis qu'on ne l'avait pas remarqué dans les semaines qui suivirent son accident. D'autre part, on s'aperçut que ses réflexes rotuliens allaient en s'affaiblissant. Parfois ils étaient presque complètement abolis, d'autres fois, quoique très faibles, on pouvait les provoquer.

A l'ophtalmoscope, les papilles optiques furent trouvées blanches et excavées. Il n'y avait pas de signe de Romberg. Toutefois le malade oscillait légèrement lorsqu'il devait se tenir à cloche-pied les yeux fermés et il affirmait que ce trouble de l'équilibre n'existait pas auparavant. De plus la perception des vibrations du diapason était notoirement plus faible sur les os des membres gauches. Malgré l'absence de toute ataxie et de douleurs fulgurantes, l'ensemble des symptômes que je viens d'indiquer nous autorisait à poser sans aucune hésitation le diagnostic de tabès incipiens.

2° Traumatisme périphérique.

Observation XXIII. — Lecoq, *Arch. gén. de médecine*, 1861, V[e] série, t. XVII, p. 864.

Homme 62 ans. Toujours en bonne santé. A 60 ans, chute

peu grave : fracture de la cuisse *droite* au-dessus du col du fémur, contusion assez forte dans la région lombaire. Lorsqu'il se lève, au bout de deux mois, troubles ataxiques des membres inférieurs plus prononcés à *gauche*. Aucun autre trouble. Le malade, peu incommodé par cette « singulière affection », refuse de la traiter autrement que par des exercices quotidiens

Observation XXIV. — Von Leyden, *Die graue degeneration der hinteren Ruckenmarksstrange*, Berlin, 1863, page 260, obs. 5.

Mécanicient, 45 ans. Ni syphilis, ni rhumatisme. Sueurs habituelles des pieds. Avant Noël 1859, il reçoit sur le pied gauche une barre de fer qui blesse 3 orteils. Application d'eau glacée sur son pied. Suppression de la sueur de ce côté et de l'autre un mois après. De ce moment date sa maladie. En février 1860 douleurs lancinantes dans le pied et la jambe gauches, surtout dans le mollet et les adducteurs. Peu après mêmes douleurs du côté droit, mais toujours plus faibles, quelquefois assez violentes pour provoquer de l'insomnie; l'ataxie suit sa marche.

N. B. — Cette observation est donnée par Petit comme tabès traumatique; mais Leyden faisait jouer le rôle prépondérant à l'application d'eau glacée.

Observation XXV. — Edwards, *Th. Paris*, 1863, p. 51.

X..., 46 ans, pharmacien. En 1844, à la suite d'une opération sur une dent de la mâchoire supérieure, contraction très douloureuse de la face. En 1841, troubles dyspeptiques et constipation opiniâtre. La même année, sans autres accidents : prolapsus de la paupière droite sans diplopie qui disparut quatre jours après ; mais il se manifesta alors une dilatation de la pupille avec un léger trouble de la vue.

Quelques mois après, douleurs fulgurantes dans les membres inférieurs, puis douleurs en ceinture. Aucune mention de l'état des réflexes. Amélioration persistante par le traitement ioduré et mercuriel.

Observation XXVI. — Edwards, *Thèse Paris*, 1863, p. 59.

P... Virginie, 49 ans. Antécédents névropathiques. Crises convulsives hystériques depuis l'âge de 24 ans. A 30 ans, cataracte de l'œil gauche opérée par Jobert. Deux ans après, faiblesse et fourmillements dans les membres inférieurs, démarche ataxique. N'est examinée à la Salpêtrière qu'en 1862, 17 ans après le début de la maladie. Les phénomènes ataxiques ont diminué. Signe de Romberg. Amélioration par le traitement au nitrate d'argent.

Observation XXVII.— Topinard, *De l'Ataxie locomotrice*, p. 305 (ob. 119, 1854).

L..., 49 ans, tourneur en bois. Pas d'antécédents héréditaires. Variole à 9 ans, coliques de 12 à 24. A 30 ans, céphalalgie avec malaise, ressemblant un peu à des migraines ; à 31 ans, chancre de la verge, non suivi d'accidents. Pas d'abus vénériens ou alcooliques. Son pied droit toujours en mouvement se fatiguait beaucoup. A 42 ans, engourdissement du 2e orteil de ce pied, qui gagne de proche en proche les 3 derniers orteils et le gros orteil en 1 an. A 44 ans, le 2e orteil gauche est atteint. En même temps la vue s'affaiblit des deux côtés. En 1860 progrès énormes de la maladie en 25 jours. Amaurose de l'œil gauche et presque aussitôt de l'œil droit. L'engourdissement des membres remonta et la pseudo-paralysie atteignit ainsi les reins. Douleur abdominale en ceinture. Mictions difficiles. Des douleurs aiguës comme des coups de poignard revenant par paroxysmes envahirent les jambes, les cuisses, les reins, le ventre, la poitrine et les bras.

En 1860, Trousseau constata une anesthésie absolue de la sensibilité cutanée, musculaire et osseuse des membres supérieurs. Au bout de 6 mois, les douleurs fulgurantes ont disparu ; la marche est devenue telle que le malade sort de l'hôpital. Pendant 1 an, il alla bien ; au printemps il rentra de nouveau. « Pendant qu'on me traitait, dit-il, la maladie a fait des progrès : j'étais arrivé à ne plus quitter le lit, à ne plus sentir la position de mes jambes ».

Etat actuel, janvier 1863 : depuis 15 jours, céphalalgie tous les 2 jours, amaurose complète et double. Hier a éprouvé douleur térébrante dans le gros orteil droit comme si l'on eût voulu le lui arracher.

15 juillet : céphalalgie tous les jours à minuit, d'intensité terrible, disparaissant le matin.

2 janvier 1864 : marche très améliorée ; il se promène dans la salle; à 2 reprises sa céphalalgie a disparu pendant 6 semaines.

Observation XXVIII. — Topinard, *De l'ataxie locomotrice*, p. 425 (obs. CCXXV)

G..., serrurier, 53 ans, nie la syphilis. En 1841, paludisme traité par quinine. Amblyopie. Diplopie passagère. En 1849, chute sur la tête et les reins pour laquelle il séjourne 8 jours à l'hôpital Necker. En 1852, en levant un objet trop lourd, il a un tour de reins pour lequel il garde le lit pendant six semaines. Depuis cette époque, engourdissement des 2 jambes depuis le genoux jusqu'aux orteils. Un an après, surdité. En 1859, crampes et douleurs lancinantes et fulgurantes. Troubles urinaires.

Observation XXIX. — Topinard. *De l'ataxie locomotrice*, 1864, p. 91 (obs. LXXIII).

L..., 35 ans, garçon de salle dans les hôpitaux. Chute dans les escaliers de l'Hôtel-Dieu, contusion du genou, douleurs lombaires légères. Quelques mois après, en février 1862, sciatique droite ; puis tremblement des membres inférieurs, difficulté à lever les jambes, sensation d'étoupe à la plante des pieds. En octobre 1862, douleur rachidienne fixe. En septembre 1863, démarche ataxique. Romberg. Symptomatologie complexe.

Observation XXX. — Schulze, *Inaug. Dissert.*, 1867.

Auguste P..., 31 ans, boucher. A Paris, il tomba dans une fosse. Il fut malade un mois, mais après cela fut toujours fort et bien portant. A 29 ans, fracture de la partie supérieure de la cuisse gauche. Guérison en huit semaines. Déjà pendant ces huit semaines il avait ressenti des douleurs lancinantes dans les extrémités de la jambe qui ne disparaissaient jamais complètement et gagnèrent aussi l'autre jambe. De la 29e à la 31e année, dans laquelle le tabès fut constaté, émotions et refroidissements nombreux.

Observation XXXI. — Schulze, *Inaug. Dissert.*, 1867.

Charles W..., 34 ans, cigarier. Fracture de la partie supérieure de la cuisse gauche à 31 ans, qui guérit avec un raccourcissement de la jambe. Bientôt après parurent des douleurs lancinantes au niveau du point fracturé, qui gagnèrent ensuite l'autre cuisse, puis le corps entier. Tabès confirmé. Aucun antécédent héréditaire, pas d'excès, pas de refroidissement, pas de syphilis. Aucune cause étiologique ne peut être invoquée que le traumatisme.

Observation XXXII. — Hervey, *Gaz. Hôpitaux*, 19 mars 1868, p. 129.

B..., employé de bureau. Rapporte apparition de douleurs fulgurantes à un courant d'air reçu habituellement dans les jambes. Hydarthrose spontanée du genou gauche.

Observation XXXIII. — Ball, *Gaz. Hôp.*, 12 nov. 1868, p. 522.

C..., 43 ans, courtier de commerce. Pas de syphilis, mais excès vénériens. En 1865, résection de la première phalange de l'orteil droit pour un durillon forcé qui le faisait beaucoup souffrir; n'a jamais pu bien marcher depuis ; jambe droite toujours plus faible que l'autre. Peu de temps après, douleurs fulgurantes dans les deux jambes. La vue s'est affaiblie. Il y a un an, hydarthrose spontanée du genou droit. En février 1868, chute dans un escalier sans retentissement sur l'épanchement. Le 29 août, douleurs violentes dans les jambes ; le membre inférieur droit devient très enflé. Progrès rapides, et on constate une hydarthrose du genou. Ponction du mollet, évacuation d'une quantité considérable de sérosité; ouverture spontanée quelques jours plus tard à la partie inférieure du mollet : il en sort une grande quantité de pus séreux.

Le 17 octobre, hydarthrose spontanée du genou gauche. Cette articulation a été blessée 30 ans auparavant par un coup de hache. Gonflement et accidents articulaires beaucoup plus marqués à droite qu'à gauche.

Observation XXXIV. — Verdrènes. *Bull. et Mém. de la Société de chirurgie*, 30 janvier 1878, t. IX, p. 81.

C..., capitaine de cavalerie, 32 ans. Excès vénériens. Opéré 2 fois d'hémorrhoïdes. A la 2e opération, fièvre qui nécessite un séjour au lit d'une semaine. Lorsqu'il peut se lever, remarque que ses jambes manquent de solidité et que ses mouvements n'ont pas leur précision ordinaire. Anesthésie plantaire. Locomotion impossible. Guérison ultérieure.

N. B. — Verneuil pense qu'il ne s'agit pas de tabès.

Observation XXXV. — Vulpian. *Clinique médicale de la Charité*, 1879, p. 813 (obs. CLI).

S... Antoine, 47 ans, militaire retraité. Alcoolisme. En 1865, à Sébastopol, amputation de la jambe droite. En 1867, diminution de la sensibilité sur toute la face externe du membre inférieur gauche. En 1873, affaiblissement de la jambe gauche, laxité de l'articulation tibio-tarsienne. En 1874, douleurs fulgurantes accentuées. Démarche ataxique.

Observation XXXVI. — Lecorché et Talamon. *Etudes médicales*, 1881.

Femme, 40 ans, sans profession. Syphilis en 1865. En 1875, en lui coupant un cor, un pédicure lui fait une petite blessure qui a suppuré pendant 2 mois, plaie très douloureuse, déterminant des élancements dans tout le pied. Traitement par le froid. Les élancements ont persisté après la cicatrisation de la plaie et ont gagné le membre inférieur gauche. Dix mois après, douleurs lancinantes analogues dans le membre inférieur droit. Elles sont qualifiées de douleurs rhumatismales. Puis successivement : troubles de la marche, faux-pas, troubles urinaires, incoordination des mouvements. Abolition des réflexes rotuliens, inégalité pupillaire, cystite, escharre sacrée. Mort.

Observation XXXVII. — Lécorché et Talamon,
Etudes médicales, 1881.

T..., 44 ans, employé. Fièvre typhoïde à 14 ans. Pas de syphilis.

Il y a 11 ans, en 1867, choc sur la région hépatique, douleurs violentes sans perte de connaissance. Deux mois après, crampes d'estomac avec vomissements incessants incoercibles.

En 1868, douleurs fulgurantes dans les membres inférieurs; vomissements persistent sous forme de crises. En 1869, on découvre une tumeur fluctuante dans la région hépatique. A l'ouverture, il s'écoule une grande quantité de pus fétide de couleur noirâtre. A cette époque, ataxie des membres inférieurs. Vers la fin de 1869, douleur vive avec craquement bruyant dans le talon droit. Dans la suite, lésions ostéo-articulaires généralisées, fractures spontanées et arthropathies multiples.

Actuellement, douleurs fulgurantes, côté droit plus pris que le gauche; pas de strabisme, pupilles seulement rétrécies et punctiformes.

Observation XXXVIII. — Eulenburg, *Virch. Archiv.*, 1885.

F..., adjudant. Jamais malade pendant ses douze années de service jusqu'à la guerre ; pas syphilitique. Il reçut, le 30 août 1870, une fracture de la partie inférieure de la cuisse et resta une nuit entière à découvert sur le champ de bataille. En avril 1871, il retourne guéri à sa compagnie. Cependant, il se plaint de douleurs et de faiblesse au point blessé. En juillet, crises gastriques. Depuis 1880, troubles de la coordination.

Observation XXXIX. — Eulenburg, *Virch. Archiv.*, 1885.

M. F..., pionier. Contusion de la jambe droite le 24 sept. 1870. Les jours suivants, douleurs dans les jambes. Fin novembre, parésie des deux jambes. Tabès confirmé.

Observation XL. — Eulenburg, *Virch. Archiv.*, 1885.

F. B..., garde forestier. Fut blessé à la partie supérieure du bras, au-dessous de l'acromion, le 6 août 1870, à Worth. En novembre 1870, crises épileptiformes après lesquelles ne tardèrent pas à se constituer les symptômes du tabès.

OBSERVATION XLI. — EULENBURG, *Virch. Archiv.*, 1885.

J..., capitaine, 40 ans, fort, sans tares, pas syphilitique. Fut souvent mouillé pendant la guerre, refroidissements, marches forcées. Le 18 décembre 1870, grave blessure au coude gauche. Au milieu de mars 1871, il quitte le lit. Il a la sensation de marcher sur du coton. Il ressent des fourmis dans la main droite et les jambes. Bientôt apparaissent des troubles de coordination, des troubles de la vue. Un traitement électrique amène la guérison. En octobre 1871, il paraît guéri.

OBSERVATION XLII. — EULENBURG, *Virch. Archiv.*, 1885.

J.-V. E..., capitaine. A Saint-Privat, le 18 août 1870, il fut blessé à la jambe au-dessous du genou gauche. La blessure fut guérie en mars 1871. Mais des douleurs persistèrent dans toute la jambe gauche et une faiblesse des extrémités inférieures des deux côtés devint de plus en plus manifeste. Malgré des bains nombreux et d'autres traitements appropriés, le tabès évolua.

OBSERVATION XLIII. — EULENBURG, *Virch. Archiv.*, 1885.

W. J..., caporal, reçut au commencement de septembre une contusion de l'aine gauche. Au milieu de septembre, il entra à l'hôpital, se plaignant de douleurs térébrantes et lancinantes dans les deux jambes et dans les reins. Au commencement de 1871, tabès confirmé.

OBSERVATION XLIV. — STRAUS, *Archives de Physiologie*, 1885.

Palefremier éthylique ayant eu, en 1856, des chancres mous multiples. En 1882, ne se plaignant que d'un peu de faiblesse des deux jambes, il glissa sur le pavé et se fractura la rotule gauche. 3 mois après l'accident, élancements douloureux dans la jambe gauche descendant de la cuisse dans les orteils et qui reveraient par crises. 18 mois après, mêmes douleurs fulgurantes dans la jambe droite. Six mois après, incoordination motrice. En 1885, troubles oculaires. A son entrée dans le service de Straus il présentait les symptômes d'un tabès confirmé.

Observation XLV. — Straus, *Archives de Physiologie*, 1888.

T..., 47 ans, palefrenier. Ni chancre, ni syphilis. Pas d'antécédents héréditaires.

En 1879, un pavé lui tombe sur la jambe. Fracture du tibia et du péroné. Reste immobilisé pendant 3 mois, se lève et se casse la jambe au même endroit.

Cal difforme, non douloureux, saillant.

Pendant 4 ans, bien portant, mais quelques douleurs vagues au niveau de la blessure.

En 1874, il compare ces douleurs à des secousses, à un coup de couteau. Limitées pendant 6 mois au lieu de la blessure, elles gagnent bientôt le pied, la jambe du même côté. Huit mois après elles apparaissent dans la jambe droite.

En 1878, il s'aperçoit qu'il est obligé, pour se diriger, de regarder où il met le pied.

En 1879, marche impossible. Il rentre à l'hôpital. On constate tous les signes du tabès.

Observation XLVI. — Straus, *Archives de Physiologie*, 1888.

T..., 40 ans, tisserand, entre à l'hôpital le 2 décembre 1880. Ni syphilis, ni éthylisme.

En 1868, chute sur le bras droit, contusions du coude. Bientôt impossibilité complète à mouvoir l'articulation du coude. En même temps, gonflement de l'articulation, sans rougeur à la peau. Denonvillers diagnostiqua une tumeur blanche et la traita sans résultats.

En 1871, le gonflement disparut en 15 jours. Au bout de six mois, vives douleurs dans l'avant-bras et engourdissement de la main droite, puis survinrent dans les extrémités inférieures des crampes non douloureuses et des soubresauts. Les douleurs fulgurantes dans les jambes ont toujours fait défaut. Il resta 3 mois à l'hôpital; la marche devint de plus en plus embarrassée.

Etat actuel : marche caractéristique, il frappe des talons et lance les pieds en avant. Signe de Romberg. Sens génital éteint depuis 2 ans. Réflexes patellaires abolis.

Le membre droit (siège de l'arthrite) présente une hyperesthésie excessive de toute la peau jusqu'au moignon de l'épaule et à la partie latérale droite du cou. Sensation de brûlure continuelle dans le bout des doigts et dans la main. Les ongles participent à cette hyperesthésie.

En 1883, il se produisit du strabisme et de l'amblyopie, de la rétention transitoire d'urine, en même temps lésions tuberculeuses des deux poumons; il quitta l'hôpital presque mourant.

Observation XLVII. — Spillmann et Parisot, *Revue de Médecine*, 1888.

G..., 30 ans, employé de chemin de fer. Pas de syphilis. Pas d'alcoolisme. Pas d'excès vénériens. En novembre 1885, violent traumatisme du pied gauche, avec torsion du genou du même côté. En outre influence du froid. 15 heures après l'accident, gonflement de la cheville, du talon et du genou. Quatre ou cinq mois après, douleurs fulgurantes dans le mollet gauche. Sept à huit mois après, douleurs de même type dans la jambe droite. En décembre 1886, ataxie qui débute dans la jambe gauche.

Observation XLVIII. — Spillmann et Parisot, *Revue de Médecine*, 1888.
Communiquée par le Dr Sadler.

X..., capitaine de cavalerie en retraite. Pas de syphilis, pas d'alcoolisme. En 1862, blessure au genou gauche ayant entraîné une incapacité de travail de 15 jours. En 1874, douleurs fulgurantes. En 1882, trouble dans la marche et dans la vision.

Observation XLIX. — Klemperer, *Inaugural Dissertation*, 1889.

M..., 49 ans, ouvrier, de bonne santé et fortement constitué. A vingt ans, il eut un chancre. Il suivit un traitement médical et n'eut jamais d'accidents syphilitiques. A la fin d'août 1881, il tomba de plusieurs pieds de haut et se fractura la hanche gauche. Il entra à l'hôpital et fut guéri en trois semaines. Mais il remarqua bientôt qu'il n'avait plus sa force d'autrefois. Il observa d'abord de la faiblesse de la jambe gauche et des douleurs névralgiques dans la hanche blessée. Les douleurs passèrent bientôt dans l'autre jambe et prirent le caractère lancinant. Sa marche était incertaine et pénible et en mai 1882, à son entrée à la clinique du docteur Remak, le tabès fut diagnostiqué.

Observation L. — Klemperer, *Inaugural Dissertation*, Berlin, 1889.

P..., serrurier, 42 ans. Jamais d'affections vénériennes, sauf une gonorrhée. En avril 1883, une charge de fer lui tomba sur la cuisse droite. Il perdit connaissance. Peu de temps après, jambe droite plus faible que la gauche. Bientôt survinrent des douleurs térébrantes assez vives dans les deux jambes. Dans le courant de 1884, la marche devint de plus en plus difficile. Le 18 septembre l'examen donna : absence du réflexe patellaire des deux côtés, démarche ataxique. Signe de Romberg. Sensibilité diminuée dans les deux jambes. Douleurs en ceinture, absence d'accommodation pupillaire.

Observation LI. — Klemperer, *Inaugural Dissertation*. Berlin, 1889.

Colonel K..., 52 ans. Pas d'antécédents héréditaires. Nie avec insistance la syphilis. En août 1870, coup de feu au tiers inférieur de la cuisse gauche. Crampe très douloureuse après la blessure. De temps en temps, douleurs s'irradiant jusqu'à l'aine. Crampes douloureuses dans les muscles de la jambe droite, où elles sont cependant moins intenses. Le matin au lever, vomissements fréquents, douleurs gastriques telles qu'il dut demander sa retraite.

Le 30 décembre 1888 : Homme amaigri, d'aspect maladif,

mais pas cachectique. L'estomac n'est pas dilaté, mais particulièrement douloureux; on ne perçoit aucune tumeur. Tabès confirmé.

Observation LII. — Klemperer, *Inaug. Dissert.*, Berlin, 1889.

D..., capitaine, 47 ans. Pas d'ant. héréditaires. Jamais d'excès d'aucune sorte. En 1870, son cheval est abattu par un boulet et entraine sous lui son cavalier. Douleur intense au pied droit, perte de connaissance. Contusion du pied droit sans fracture, mais délabrement considérable des parties molles. Guérison au bout de 7 mois, mais douleur persistante dans le pied droit. En 1884, douleurs fulgurantes et térébrantes. En 1885, douleurs en ceinture; ne peut plus marcher dans l'obscurité.

En février 1886, abolition des réflexes. Signes de Romberg, d'Argyll Robertson; ataxie bien caractérisée; sensibilité diminuée dans les deux jambes.

Observation LIII. — Schulze, cité par Klemperer, *Inaug. Dissert.* Berlin, 1889.

Charles G..., 38 ans, batelier. A toujours été bien portant. Soldat à 21 ans, il a toujours été en bonne santé pendant son service militaire. A 36 ans, chute sur le ventre. Bientôt apparurent des douleurs dans les reins et les deux jambes. Tabès confirmé peu après.

Causes étiologiques : Refroidissements, influences nerveuses, traumatisme.

Observation LIV. — Schulze, cité par Klemperer, *Inaug. Dissert.* 1889.

Adolphe B..., 33 ans, infirmier. Toujours bien portant. Pendant l'année 1866, un matin, un boulet de canon lui arracha son équipement et le projeta violemment contre un arbre distant de quelques pas. Il se releva et travailla jusqu'à une heure de la nuit. Mais alors des douleurs de plus en plus fortes se firent sentir dans la région du dos, qui le forcèrent à s'arrêter. Elles persistèrent, gagnèrent les extrémités, et le tabès fut confirmé.

Etiologie : refroidissement pendant la guerre. (il fut de nombreuses fois mouillé), frayeur, surmenage, traumatisme.

Observation LV. — Bernhardt, *Neurol. Centralblatt*, 1890, p. 70.

Ouvrier, 47 ans. En août 1893, traumatisme du pied gauche ayant déterminé une fracture malléolaire. Diplopie passagère. En 1895, paresthésie, troubles urinaires, ataxie, Romberg, abolition des réflexes patellaires, Argyll Robertson.

Observation LVI. — Hitzig, *Neurolog. Centralb.* Sept. 1894.

Homme, 47 ans. Pas d'antécédents héréditaires. Ni syphilis, ni alcoolisme. En 1890, fracture du radius gauche et entorse de l'articulation tibio-tarsienne de ce côté. Bientôt après, élancements douloureux s'étendant des pieds à la hanche. Dans le bras gauche, pendant 15 jours, douleurs lancinantes survenant irrégulièrement et s'étendant jusqu'à l'épaule. 15 jours après l'accident, démarche incertaine dans l'obscurité. 6 mois plus tard, troubles urinaires. En 1891, ataxie, abolition des réflexes, signe d'Argyll Robertson.

Observation LVII. — Durante. *Thès. Paris*, 1895.

Homme, 47 ans, employé de commerce. Pas d'antécédents héréditaires. A 11 ans, fièvre typhoïde. Pas de syphilis. En 1870, il a eu les deux pieds gelés. En 1876, une traverse de chemin de fer lui écrase le gros orteil droit. En 1885, mal perforant siégeant au niveau de la tête du 1er métatarsien droit (orteil écrasé), le mal perforant fut suivi d'un autre, siégeant sous la tête du 5e, puis du 3e métatarsien droit. Peu après, élancements, coups de couteau dans les jambes. En 1889, miction difficile, parfois incontinence d'urine. A Laënnec, on porte le diagnostic de tabès. En 1895, douleurs fulgurantes dans les deux jambes, douleurs en ceinture. Romberg. Abolition des réflexes. Incoordination des membres inférieurs. Argylel-Robertson. Trouble des sphincters : incontinence d'urine et parfois des matières fécales. Les maux perforants sont tous cicatrisés.

OBSERVATION LVIII. — PINELES, *Neurol. Centralbl.*, 1896, n° 13, p. 615.

Homme, 36 ans. Luxation de la hanche. Reste 6 mois malade à cause de cette luxation. Peu de temps après sa guérison, douleurs lancinantes dans la jambe gauche, puis droite. Diplopie passagère. Depuis un an, diminution de l'acuité visuelle. Atrophie des nerfs optiques. Nie la syphilis, qui est cependant probable, sa femme ayant accouché de 3 enfants morts-nés et un 4e ayant présenté une éruption de la peau.

OBSERVATION LIX. — E. MENDEL, *Deut. med. Woch.*, 1897, n° 7.

Homme, 32 ans. En 1867, syphilis. En 1870, trauma de la cuisse droite par éclat d'obus. Amputation. En 1873, troubles de la sensibilité du moignon, puis douleurs fulgurantes du membre gauche. Douleurs en ceinture. Troubles urinaires. En 1877, signes classiques du tabès.

OBSERVATION LX. — LAMMERS, *Centralbl. f. innere Med.*, 1897, p. 777.

Ouvrier travaillant dans les bois. Pas d'antécédents héréditaires. Chute avec déchirures musculaires. Ecchymoses pendant plus de 6 mois au tiers supérieur de la cuisse. Démarche ataxique. Atrophie de la cuisse gauche. Tremblement fibrillaire. Réflexes patellaires très faibles. Onze mois après, troubles de l'ouïe. Abolition du réflexe pupillaire. Accommodation conservée. Romberg. Un an après le traumatisme, abolition des réflexes patellaires.

OBSERVATION LXI. — JACOBY, *Monatsch. f. Unfallheilk.*, 1898, n° 2.

Accident au mois d'octobre 1895. Un bloc de pierre lui est tombé sur le pied. 7 semaines après, abcès sous le gros orteil. 9 mois après, on porte le diagnostic d'ataxie locomotrice.

OBSERVATION LXII. — DONADIEU, *Montpellier médical*, 1899.

En 1894, une dame d'une excellente santé se blesse, en descendant de voiture, contre le marchepied. Contusion violente à la grande lèvre droite,qui guérit assez rapidement.Trois mois après, des crises de douleurs névralgiques apparaissent au niveau de la grande lèvre blessée. Ces douleurs névralgiques deviennent de véritables crises de douleurs fulgurantes. Des crises de toux coqueluchoïde, des troubles dans la motilité, la sensibilité, le signe de Romberg..., etc..., vinrent confirmer le diagnostic de tabès. L'électricité statique et Lamalou donnèrent lieu à une amélioration voisine de la guérison.

Observation LXIII. — Trömmer, *Berl. klin. Wochensch.*, 18 fév. 1899, p. 146.

H..., 42 ans. Pas d'antécédents héréditaires.Pas de syphilis, Buveur modéré. En 1894, traumatisme du pied gauche. Gonflement considérable... puis douleur et paresthésie dans ce pied. Huit semaines après, érections faibles et troubles urinaires, miction difficile. Neuf mois après, douleurs et faiblesse dans la jambe gauche. Évolution normale de la maladie. Abolition du réflexe pupillaire. Diplopie. Réflexes patellaires abolis. Troubles de la sensibilité. Ataxie.

Observation LXIV. — Lembke, *Archiv. f. Unfahlheilk.* 1901, p. 35.

Homme, 51 ans, brasseur. Jamais de maladies vénériennes. 11 enfants en bonne santé. Sa femme n'a pas fait de fausses couches.

En 1899, il fait une chute dans la cave. Gonflement du pied gauche et de la jambe. Douleurs fulgurantes très vives dans la jambe gauche,puis droite. Diminution de l'acuité visuelle. Abolition du réflexe pupillaire. Signe de Romberg. Abolition des réflexes tendineux. Crises gastriques. Troubles sensitifs. Début du tabès entre 1890 et 1891.

Observation LXV. — Pitres et Vaillard, *in* Gauraud. *Thèse Bordeaux*, 1902.

B..., journalier, 56 ans. Entré à l'hôpital le 6 mai 1885. Pas d'ant. héréditaires. Pas de syphilis, pas d'éthylisme, pas d'excès vénériens.

En 1848, coup de baïonnette au sourcil gauche.

En 1851, tamponné par un wagon : rétention d'urine pendant 24 heures; reprend son travail après 35 jours. En 1853, chute d'un 2e étage : fortes contusions. En 1861, une barrique lui tombe sur le ventre. En 1870, faiblesse des membres inférieurs, marche incertaine, douleurs lancinantes dans les pieds et les jambes, tous les mois, sous forme de crises. En 1880, douleurs plus fréquentes, la marche est tout à fait hésitante.

En 1882, sans douleurs vertébrales préalables, il devient bossu... Il est tout à fait infirme.

En 1885, entre à l'hôpital pour un nouveau traumatisme. Aux symptômes tabétiques décrits précédemment, on ajoute la notion de l'abolition des réflexes rotuliens et testiculaires.

Observation LXVI. — Pitres, *in* Gauraud, *Thèse Bordeaux*, 1902.

C..., cultivateur, 40 ans. Pas d'antécédents héréditaires. Deux chaudepisses légères. Nie énergiquement la syphilis. Pas d'enfants, sa femme n'a pas fait de fausses couches. Depuis cinq ou six ans, douleurs dans les pieds, les jambes; lancements isolés se répétant assez souvent. Il y a 3 ans, chute de voiture; il s'est foulé le pied; peu de temps après, il a eu de la diplopie temporaire. Depuis 2 ans, troubles ataxiques dans les membres inférieurs. Etat actuel (août 1892) : pupilles égales étroites. Signe d'Argyll-Robertson. Strabisme interne. Testicules gros, complètement analgésiques. Erections fermes. Réflexes rotuliens abolis. Romberg très net. Il a la sensation de marcher sur du caoutchouc (surtout pour le pied droit). Deux fois à Lamalou sans en retirer d'avantages.

Observation LXVII. — Pitres, *in* Gauraud, *Thèse Bordeaux*, 1902.

L..., 43 ans, manœuvre. Pas d'antécédents héréditaires. Pas

de maladies vénériennes. Nie la syphilis. Sa femme n'a jamais fait de fausses couches.

En 1895, éclat de fer dans l'œil : strabisme avec chute de la paupière. 3 mois plus tard, une barre de fer lui tombe sur la jambe. A la suite de ce trauma, douleurs fulgurantes dans les jambes, les mollets.

Etat actuel : Marche incertaine les yeux fermés. Difficulté à se tenir debout la nuit quand il se lève pour uriner. Réflexes pupillaires abolis, réflexes rotuliens abolis, réflexes patellaires conservés. Sensibilité conservée. Chute de la paupière très nette à droite. Strabisme sans diplopie. Erections diminuées. Mictions parfois difficiles.

Observation LXVII. — Flechsig, *Amtl. Nachr. des Reichs. Versicherungsamts*, XXII, 1906.

Il... est tamponné le 2 juin 1900 par un camion dont le timon vint le frapper au front. Plaie pénétrante au-dessus de l'œil gauche. En mars 1902, atrophie du nerf optique du côté droit et légère altération du nerf optique gauche. Réflexes tendineux conservés. Le 27 février 1903, tabès typique avec atrophie du nerf optique.

Observation LXIX. — Nonne, *Monats. f. Unfallh.*, XIII, 291-322, 1906.

Homme, 36 ans. Pas de syphilis, pas d'éthylisme, pas d'antécédents héréditaires. Chute sur la poitrine et le ventre assez violente. Contusions étendues. 4 mois après, signes d'anévrysme de l'aorte ascendante. Il se plaint de douleurs lancinantes aux bras. Hypoalgésie des deux côtés dans la région cubitale. Abolition du réflexe du triceps. Inégalité et étroitesse des deux pupilles. Le malade est mort le mois après. A l'autopsie, on trouve un anévrysme de l'aorte ascendante sans hypertrophie du cœur. Macroscopiquement, la moelle ne présente rien d'anormal. A l'examen microscopique on trouve des lésions de tabès incipiens cervico-dorsal.

Observation LXX. — Kurt Mendel, *Monats. f. Psych. u. Neurol.*, 1908.

A. V..., domestique, 47 ans. En 1888, crises gastriques tabétiques. En 1889 (janvier), un bloc de pierre l'atteint à la hanche gauche. Douleurs pendant 15 jours. Arthropathie de la hanche. Crises gastriques. Tuberculose pulmonaire. Mort à 51 ans.

Observation LXXI. — Kurt Mendel, *Monats. f. Psych. u. Neurol.*, 1908.

J. L..., ouvrier, 40 ans. En 1885, syphilis. En 1890, amblyopie; douleurs dans tout le corps. Le 13 octobre 1891, traumatisme léger du genou gauche. En mai 1892, tabès typique. Myosis. Abolition des réflexes pupillaires. Atrophie du nerf optique des deux côtés. Signe de Westphall. Troubles vésicaux.

Observation LXXII. — Kurt Mendel, *Monats. f. Psych. u. Neurol.*, 1908.

C. B..., 49 ans. Sa femme a eu 7 enfants morts dans la première année et a fait deux fausses couches. Il nie la syphilis. En 1893, il rentre à l'hôpital pour des douleurs en ceinture et pour des douleurs lancinantes dans les jambes. Le 14 décembre 1898, fracture du tibia gauche. Le 20 décembre 1898, rétention d'urine, cystite. Abolition des réflexes patellaires. Aggravation des douleurs et B... ne peut plus travailler. A l'examen, en août 1899, tabès typique. Inégalité pupillaire, faible réaction des pupilles à la lumière. Signe de Romberg. Signe de Westphall. Ataxie. Troubles vésicaux. Rétrécissement aortique.

Observation LXXIII. — Kurt Mendel, *Monats. f. Psych. u. Neurol.*, 1908.

E. Sch..., 40 ans, fondeur. Nie la syphilis et l'alcoolisme. Marié depuis 16 ans, pas d'enfants. Traité pour tabès depuis 5 ans. Le 23 mai 1893, brûlures du pied droit, 2 mois de repos au lit. Le 27 août 1893, Sch... se plaint de faiblesse et de douleurs dans la jambe droite. Sensation de marcher sur un tapis.

A l'examen objectif : ptosis à gauche, myosis à droite, pupille gauche dilatée, abolition du réflexe pupillaire. Atrophie du nerf optique. Romberg. Ataxie très forte des membres inférieurs. Réflexes patellaires abolis. Hypoalgésie dans les membres inférieurs.

Observation LXXIV. — Kurt Mendel, *Monast. f. Psych. und Neurol.*, 1908.

W. B..., peintre, 53 ans. Marié depuis 25 ans. 3 enfants bien portants. Nie la syphilis. Jamais de saturnisme. En 1896, amblyopie. Traumatisme le 22 mai 1900 : il se heurte le petit doigt de la main droite à la tête d'un clou... Panaris. Incision et guérison. En septembre 1901, augmentation de l'amblyopie. En janvier 1902, atrophie du nerf optique et myosis. En avril 1902, tabès : inégalité pupillaire, abolition du réflexe pupillaire, atrophie des nerfs optiques des deux côtés, abolition du réflexe achilléen, réflexe patellaire faible, envies fréquentes d'uriner, douleurs lancinantes.

Observation LXXV. — Kurt Mendel, *Monats. f. Psych. u. Neurol.*, 1908.

P. At..., 44 ans. Pas de saturnisme, ni de syphilis. En 1888, douleurs rhumatismales dans les jambes. Le 2 janvier 1889, entorse. Depuis, douleurs dans le pied gauche et, plus tard, troubles urinaires, douleurs dans le côté gauche. En 1894 : troubles urinaires très nets. Ataxie locomotrice. Abolition des réflexes pupillaires. Ataxie des membres supérieurs et inférieurs. Romberg. Abolition des réflexes patellaires.

Observation LXXVI. — Kurt Mendel, *Monats. f. Psych. u. Neurol.*, 1908.

C. M..., maçon. 43 ans. Nie la syphilis. 7 enfants morts en bas âge. Symptômes nets de tabès avant le trauma.

Le 3 octobre 1895, se trouvant sur un échafaudage, une planche casse et il reste accroché. A la suite de ce trauma, apparition d'une arthropathie du genou gauche et aggravation des signes tabétiques.

Observation LXXVII. — Tourey-Piallat.
La Clinique, 17 avril 1908.

Le 1er mars 1906, un employé du P.-L.-M. est atteint dans le dos par un colis qui provoque sa chute et lui occasionne une fracture au-dessus de la cheville. Dans le courant du mois d'août, l'impotence du membre blessé paraissait à son minimum lorsque se manifestèrent les premières atteintes d'un tabès. La maladie suivit son cours en devenant de plus en plus caractérisée.

CONCLUSIONS

I. — Un traumatisme périphérique ou central ne peut à l'exclusion de tout autre facteur étiologique (syphilis) déterminer le tabès. Cette conclusion repose surtout sur les récentes acquisitions anatomo-pathologiques qui tendent à démontrer que l'altération des racines postérieures, lésion fondamentale du tabès, est conditionnée par une méningite syphilitique. Les observations cliniques qu'on opposait à cette conception sont de peu de valeur en raison de l'impossibilité que l'on éprouve parfois, même avec l'aide de la réaction de Wasserman, à dépister une syphilis congénitale ou acquise. L'expérimentation n'a fourni sur cette question que des renseignements imprécis.

II. — Chez les syphilitiques.

1° Un trauma *périphérique* ne peut avoir sur la détermination ou l'évolution du tabès d'autre action que de mettre en évidence des symptômes subjectifs (douleur) ou de provoquer une complication (arthropathie ou fracture). Cette conclusion, basée sur l'anatomie et la physiologie pathologiques, est confirmée par la clinique ;

2° Un traumatisme *central* ne peut être la cause déterminante du tabès, mais la clinique montre qu'il peut :

a) Aggraver un tabès déjà existant, mais jusque-là stationnaire ;

b) Démasquer l'existence d'un tabès à manifestations atténuées, mais réelles;

c) Marquer le début de l'évolution d'un tabès jusque-là cliniquement, c'est-à-dire pratiquement inexistant.

III. — L'expert appelé à donner son avis sur un cas de tabès présumé traumatique pourra s'inspirer des conclusions suivantes :

1° Mettre en lumière dans son rapport que, médicalement, le traumatisme à lui seul est incapable de créer le tabès ;

2° Dans certains cas d'ailleurs exceptionnels, le rôle du trauma apparaît comme prépondérant. A ces cas il convient de réserver le nom de « tabès traumatique ». Ils sont spécifiés par :

a) L'absence de tabès nettement caractérisé antérieurement au trauma ;

b) La réalité et la nature du traumatisme qui doit avoir atteint l'axe encéphalo-médullaire ;

c) L'étude évolutive qui montre l'apparition progressive du syndrome tabétique dans les mois qui suivent le traumatisme.

En pareil cas, il importe peu que le tabétique soit présumé syphilitique latent, car la prédisposition créée par cette affection ne saurait être assimilée à un état anatomique antérieur ;

3° Dans un bien plus grand nombre de cas, la réalité

de l'existence antérieure du tabès est démontrée et il s'agit alors d'apprécier si le traumatisme a démasqué le tabès ou l'a aggravé par l'apparition d'une complication (arthropathies, fractures) ou en a précipité l'évolution. En pareil cas, les données les plus importantes sont fournies par les commémoratifs, la réalité, la nature et l'importance de l'accident, les certificats de premier constat, que l'on doit souhaiter précis et détaillés.

Dans le cas où le rôle direct ou indirect prépondérant ou secondaire du traumatisme est démontré, la réduction de capacité professionnelle sera appréciée en dehors de toute considération théorique d'après l'état fonctionnel du blessé.

BIBLIOGRAPHIE

—

ABADIE. — *Des ostéo-arthropathies vertébrales dans le Tabès.* Paris, 1900.

ADAMKIEWICZ — Ueber traumatische Tabès. *Berl. klin. Wochenschr.*, 5 juin 1899, p. 499. 12 juillet 1899, p. 528.

BAILEY. — *Diseases of the nervous system resulting from accident and injury.* New-York and London, 1906, D. Appelton et C°.

BALL. — Des arthropathies liées à l'ataxie locomotrice progressive. *Gaz. Hôpit.*, 1868, p. 522.

BALTHAZARD. — La question de l'état antérieur dans les accidents du travail. *Paris Médical*, 17 février 1912, p. 281.

BARBÉ. — *Les ostéo-arthropathies du tabès.* Th. Paris, 1912.

BERNHARDT (M.). — Zur Lehre von der traumatischen Tabès. *Monatsschr. f. Unfallheilk*, 1895, n° 7.

— Zur Ætiologie des Tabès. *Neurol. Centralblatt*, 1890, p. 710.

BERNHEIM. — Myélites et névrites de cause émotive. *Société de Psychiatrie*, 25 avril 1912. In *l'Encéphale*, 1912, pp. 466-467.

BLOCH (M.). — Tabès tabische Erkrankung des linken Hüftgelenks. Bruch. des linken Oberschenkelhalses. *Aerstl. Sachs. Ztg.* 1901, n° 6.

BLUM. — *Des arthropathies d'origine nerveuse*, thèse d'agrégation en chirurgie. Paris, 1875.

CLAUDE (Henri). Traumatisme et localisation des arthropaties tabétiques. *Revue de neurologie.* XV, pp. 1217-1218. 1907.

COLLET (P.-J.). — *Précis de pathologie interne. In* collection Testut. Tome I, 6e édition, 1910. Paris.

Courtois-Suffit. — De l'état antérieur devant la jurisprudence à propos de deux cas de traumatisme chez des tabétiques frustes. *Gaz. Hôp.*, 1er juin 1911, p. 953.

Dejerine et Thomas. — *Maladies de la moelle épinière, in* Traité de médecine et de thérapeutique de Gilbert et Thoinot, XXXIV, pp. 537-682, 1909.

Delamare. — *Des troubles gastriques dans l'ataxie locomotrice progressive.* Thèse Paris, 1866.

Donadieu. — Tabès et traumatisme. *Montpellier médical*, 1899.

Donet (C.). — *Contribution à l'étude du tabès traumatique considéré au point de vue médico-légal.* Thèse Nancy, 1901.

Durante. — *Des dégénérescences secondaires du système nerveux.* Thèse Paris, 1895.

Edwards. — *De l'anatomie pathologique et du traitement de l'ataxie locomotrice progressive.* Thèse Paris, 1863.

Erb. — Zur Ætiologie der tabès dorsalis. *Berl. klin. Wochnschr.*, 1883, pp. 481-483.

— Die Ætiologie der tabès. *Samml. klin. Vortr.* 1892, n° 53.

Erb (W.) — Tabès dorsalis. *Die deutsche Klinik.* VI, 1 abt. 1905.

Erichsen. — *On railway and other injuries of the nervous system.* Londres, 1866.

Eulenburg. — Beiträge zur Œtiologie und Therapie der tabes dorsalis. *Virch. Archiv.*, 1885.

Ferry. — *Recherches statistiques sur l'étiologie de l'ataxie locomotrice progressive.* Thèse Paris, 1879.

Flechsig. — Obergutachten. *Amtl. Nachr. des Reichs. Versicherungsamts*, XXII. 1906.

Forgue et Jeanbrau. — *Guide du médecin dans les accidents du travail*, 2e édition. Paris, 1909, P. Masson.

Gallez (L.). — *La simulation des traumatismes et de leurs conséquences.* Paris, 1909, A. Maloine.

Gaubaud (J.). — *Traumatisme et Tabès.* Thèse Bordeaux, 1902.

Goldberg. — Die Traumatische Tabes vom Standpunkte des Sachverstandigen. *Aerztl. Sachv. Ztg.* 1897, n° 24.

Guillain et Houzel. — Lésion du pédoncule par balle de révolver. *Soc. de Neurol.*, 4 mars 1909, in *Rev. Neurol*. XVII, p. 360, 1909, et *Rev. de Chirurgie*, XXIX, pp. 35-58, 1909.

Guillain, Rochon-Duvigneaud et J. Troisier. — Le signe d'Argyll-Robertson dans les lésions non syphilitiques du pédoncule cérébral. *Soc. de Neurol.*, 1er avril 1909, in *Rev. Neurol.*, XVII, pp. 449-453, 1909.

Gumpertz. – Tabès mit traumatischer Hysterie. *Aerztl Sachv.*, *Ztg.* 1898, p. 323.

Hamilton. — Traumatic locomotor Ataxia. *Med. Record.*, 21 nov. 1903, p. 801.

Hervey. — Arthropathie liée à l'ataxie locomotrice progressive. *Gaz. Hôp.*, 19 mars 1868, p. 129.

Hitzig. — Ueber traumatische Tabes. *Festchrift zur 200 jahrigen Jubelfeier der Universität Halle.* Berlin, 1894. Refer : *Neurol. Centrabl*, XIII, p. 649, 1894.

Kende. — Die Œtiologie der Tabes. *Deutsch. Zeitschr. f. Klin. Med.*, XXXVII, p. 56, 1899.

Kirstein. — *Beiträge zur Aetiologie der Tabès*. — Inaug. Diss. Berlin, 1886.

Klemperer (F.).— *Traumatische Tabes*. Inaug. Diss. Berlin, 1889.

Koster (G.). – *Zur physiologie der spinalganglien sowie zur Pathogenese der Tabes dorsalis.* Leipzig, 1904, W. Engelmann.

Ladame. — Le tabès traumatique. *Société suisse de neurologie*, à Zurich, 7 nov. 1909. *L'Encéphale*, 10 mars 1910, p. 298.

Laehr. — Ueber Nervenkrankheiten nach Ruckenverletzungen. *Charite Ann.* XXII.

Lammers. — Ein Fall von traumatischer Tabes. *Centralb. für innere Medecin*, 1897, p. 777.

Lamy (H.). — *Maladies du système nerveux*, *in* Traité de médecine de Enriquez, Laffitte, Berger, Lamy. Tome IV. Paris, 1909.

Lassignardie. — *Bulletins et mémoires de la Société française d'ophtalmologie.* 1909, p. 277.

Lockhart-Clarke.— *British Med. Journ.*, 15 juillet 1876, p. 77.

Lecoq. — *Arch. gén. med.*, Ve série, t. XVII, p. 684, 1861.

Lecorché et Talamon. — *Etudes médicales faites à la maison municipale de santé.* 1881, p. 501.

VON LEYDEN. — Zur Ætiologie der Tabes. *Berl. klin. Wochenschr.*, 18 mai 1903.

LEMKE. — Tabes nach Unfall. *Arch. f. Unfallheilk*, III, nº 1. Ref. in *Monatsschr. f. Unfallheilk.*, VI, p. 163.

LICHTE. — *Traumatische tabes.* Inaug. Diss. Berlin, 1903.

LIEBERMEISTER et LEBSAUFT. — Ueber Veranderungen der nervosen Elemente am Ruckenmark bei meningitis cerebrospinalis epidemica. *Munsch. Med. Wochen.*, 4 mai 1909, p. 914.

MARIE (P.) et GUILLAIN. — Les lésions du système lymphatique postérieur de la moelle sont l'origine du processus anatomopathologique du tabès. *Revue neurol.*, nº 2. 1903.

MANQUIÉ. — *Coup d'œil sur l'ataxie locomotrice progressive.* Thèse, Paris, 1868, nº 203, p. 35.

MENDEL (E.). — Tabes und multiple sklerose in ihren Besiehungen zum Trauma. *Deutsche med. Wochenschr.*, 1897, nº 7, und *Neurol. Centralbl.*, 1897, p. 140.

— Obergutachten. *Amtl. Nachr. des Reichs. Versichetungsamts*, 1899.

MENDEL (K.). — Tabes und Unfall. *Monatsch. f. Psych. u. Neurol.* XXII, p. 511. 1908.

MEYER (E.). — Hysterie nach Trauma combiniert mit organischer Erkrankung des Nervensystems. *Berl. klin. Wochenschr.*, pp. 732-734, 1902.

MICHEL (J.). — *Etude sur les arthropathies survenant, dans le cours de l'ataxie locomotrice progressive.* Thèse Paris, 1877.

MORTON PRINCE. — Traumatism as a cause of locomotor ataxia. *Journ. of. ner. and. ment. dis.* 20 februar 1895, p. 77.

MÜLLER (G.). — Zur Kasuistik der Tabes nach Trauma. *Aerztl Sachv. Ztg.* 1899, nº 5.

NEGRO. — Un caso di tabe dorsale di probabile orig. traumat, *Giorn. della, r. Accad. di med. di Torino*, VII, 2.

NONNE. — Ueber den Einfluss der Unfallgesetzgebung auf den Ablauf von Unfallneurosen. *Monatsschr. f. Unfallheilk.*, XIII, pp. 293-322. 1906.

Postraumatische organische Erkrankung im Ruckenmark. *Neurol. Centralbl.*, 1906, p. 973.

PETIT. — De l'ataxie locomotrice dans ses rapports avec le traumatisme, *Revue mensuelle de médecine et de chirurgie*, mars 1879, p. 209.

PINELES. — Ein Fall von Tabes im Anschluss an ein Trauma. Demonstration in *Wiener medicinischen club* am 27 nov. 1895, refer. *Neurol. Centralbalt*, 1896, p. 615.

PITRES et VAILLARD. — Contribution à l'étude des névrites périphériques chez les tabétiques. *Revue de médecine*, Paris, VI, pp. 574-610, 1886.

RAYMOND. — *Dictionnaire des sciences médicales*. Article : Tabès dorsalis. 3e série, tome XV, 1885, p. 292.

REDLICH (E.). — *Die pathologie der tabischen Hinterstraugserkrankung*. G. Fisher, Iena, 1897.

REMACK. — *Discussion à la Société de psychiatrie et maladies nerveuses*, 12 mai 1884, et *Archives de neurologie*, 1885, t. IX, p. 431.

REUZ. — Tabes dorsalis und syphilis. *Centralbl. f. Nervenheilk*, 1884, n° 17.

RIBIERRE (P.). — Traumatisme et paralysie générale. *Annales d'hygiène et de médecine légale*, juin 1907.

— Diagnostic et pronostic des affections organiques encéphalo-médullaires d'origine traumatique. *Ann. d'hygiène et de méd. légale*, août 1909.

RIEDINGER. — Einfluss des Trauma bei. Rückenmarks und Gehirukrankheiten. IV. *Intern. Kongr. f. Versich. med.* Berlin, 1906.

ROSENFELD. — Ueber traumatische Syringomyelie und Tabes. *Volkmanns Samm. klin. Vort.*, 1904, n° 380.

SACHS UND FREUND. — Die Erkrankungen des Nerven systems nach Unfallen. *Fischers med. Buchhandl*, 1899, p. 576.

SAND. — *La Simulation et l'interprétation des accidents du travail*. Paris, 1907, A. Maloine.

SANGER. — Ueber organische Nervenerkrankungen nach Unfall. *Neurol.Centralbl*, 1897, p. 975.

SCHITTENHELM. — Zur Ætiologie der Tabes. *Deutsche Zeitschr. f. Nervenheilkunde*, 1903, pp. 432-452.

Schulze (E.). — *Ueber die Ætiologie der Tabes dorsalis.* Inaug. Diss. Berlin, 1867.

Schwalbach.— Erkrankungen des Nervensystems nach Trauma. *Frei verein der chir.* Berlin, Februar 1897. *Monatsschr. f. Unfallheilk*, 1897, n° 3.

Séaux. — Tabès et traumatisme. *Journal de neurologie*, 1900, p. 201.

Sezary (A.). — Sur la pathogénie du tabès et des affections parasyphilitiques en général. *Presse médicale*, 3 nov. 1909, pp. 779-781.

Spillmann et Parisot. — Traumatisme périphérique et tabès. *Revue de médecine*, 1888, p. 190.

Stolper. — Rückenmarks Verletzung. *Ærtztl. Sachv. Ztg.*, 1904, n° 16.

Straus. — Faits pour servir à l'étude des rapports du traumatisme avec le tabès. *Archives de physiologie*, 15 nov. 1886.

Strauss. — Tabes und trauma. *Deutsche med. Wochenschr.*, 1901, n° 33.

Thiem. — *Handbuch der Unfallerkrankungen.* F. Enke, Stuttgart, 1898.

Thoinot (L.). — *Les Accidents du travail et les affections médicales d'origine traumatique.* Paris, 1904.

Tinel (J.). — *Radiculites et Tabès. Les lésions radiculaires dans les méningites. Pathogénie du Tabès.* Thèse Paris, 1909-1910.

Topinard. — *De l'ataxie locomotrice*, 1864.

Tourey-Pialcat. — Accidents du travail. Un cas de tabès. *La Clinique*, 17 avril 1908.

Trifaud. — *Des troubles de la sensibilité dans l'ataxie locomotrice.* Thèse Paris, 1876, n° 194, p. 41.

Trömmer.— Ueber Traumatische Tabes. *Neurol. Centrall.* 1898, p. 519.

— Tabes nach Trauma. *Berl. klin. Wochenschr.*, 12 février 1899, p. 146.

Védrènes. — *Bull. et Mém. de la Société de chirurgie*, 30 janvier 1872, t. IV, p. 75.

VIBERT (Ch.). — *Les Accidents du travail. Etude clinique et médico-légale des affections internes produites par ces accidents.* Paris, 1906.

VINCENT. — *Des phénomènes oculo-pupillaires dans l'ataxie locomotrice progressive et la paralysie générale des aliénés.* Thèse Paris, 1877.

VINCENT (Cl.). — *Des méningites chroniques syphilitiques. Les lésions des nerfs de la base du cerveau dans le tabès.* Thèse Paris, 1909-1910.

VULPIAN. — Ataxie locomotrice progressive. *Clinique médicale de la Charité.* 1879, p. 813, obs. 151.

— *Maladies du système nerveux*, 1er vol., 1879.

VULPIUS. — Einfluss des Trauma bei Rückenmarks und Gehirnkrankheiten. IV. *Intern. Kongr. f. Vers. Med.* Berlin, 1906.

WINDSCHEID. — Tabes und Trauma. *Münch. med. Wochenschr.* 1903, n° 26.

— *Der Arzt als Begutachter.* G. Fischer, Jena, 1905, 204 p.

WOLLENBERG. — Untersuchungen über das Verhalten der Tabès. *Arch. f. Psych.*, XXII, p. 313.

ZEYS (P.). — *La valeur du corps humain devant les tribunaux et les lois sur les accidents du travail en France.* Paris, 1912.

TABLE DES MATIÈRES

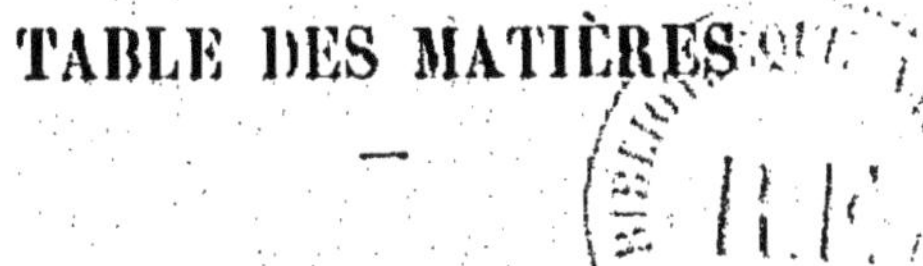

Poitiers. — Imprimerie G. Roy, 7, rue Victor-Hugo, 7.

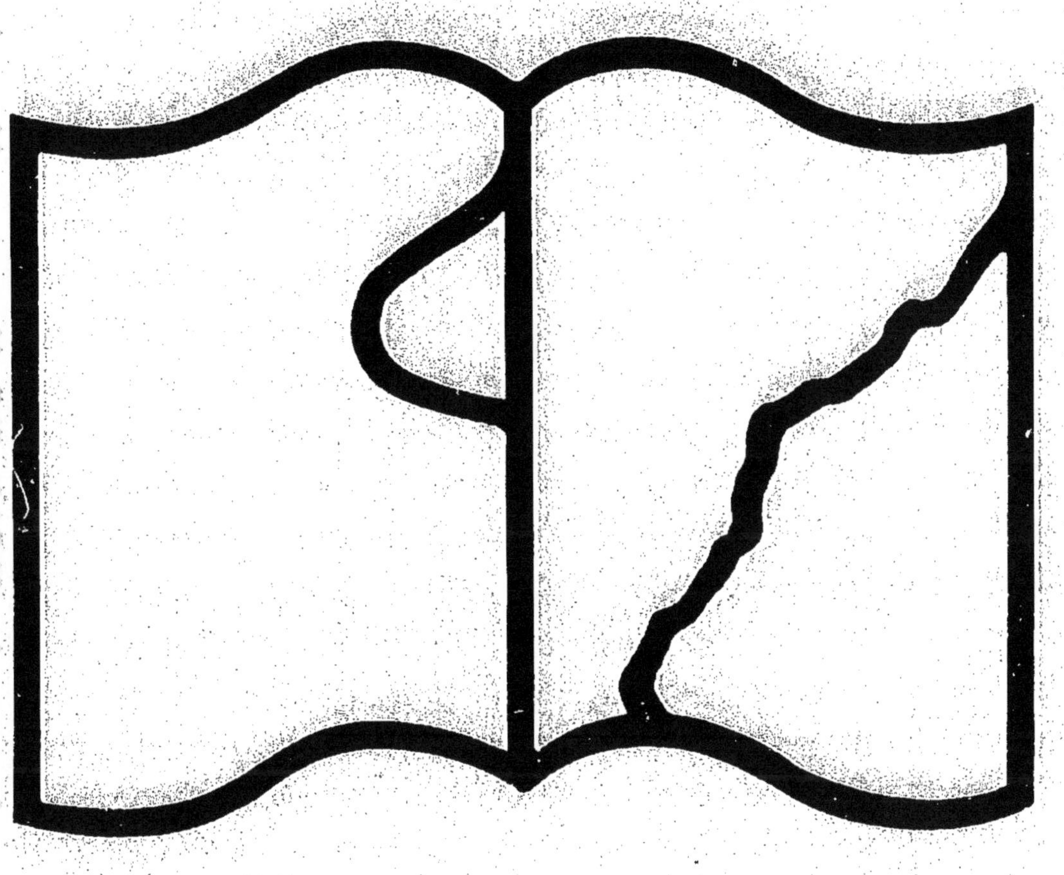

Texte détérioré — reliure défectueuse

NF Z 43-120-11

A
B

www.ingramcontent.com/pod-product-compliance
Ingram Content Group UK Ltd.
Pitfield, Milton Keynes, MK11 3LW, UK
UKHW012044240726
13965UKWH00003B/1025